如何提升工作质量

范祥中◎编著

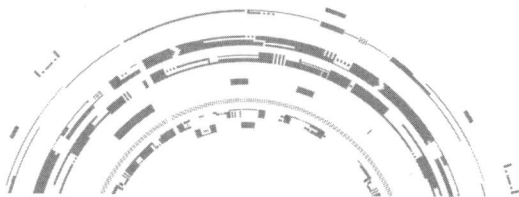

人民日报出版社
北 京

图书在版编目（CIP）数据

如何提升工作质量 / 范祥中编著 . —北京：人民
日报出版社， 2023.9
ISBN 978-7-5115-7956-0

Ⅰ．①如… Ⅱ．①范… Ⅲ．①工作方法 Ⅳ．
① B026

中国国家版本馆 CIP 数据核字（2023）第 163765 号

书　　名：**如何提升工作质量**
RUHE TISHENG GONGZUOZHILIANG

作　　者：范祥中

出 版 人：刘华新
责任编辑：周海燕
封面设计：元泰书装

出版发行：人民日报出版社
社　　址：北京金台西路 2 号
邮政编码：100733
发行热线：（010）65369509　65369527　65369846　65363528
邮购热线：（010）65369530　65363527
编辑热线：（010）65369518
网　　址：www.peopledailypress.com
经　　销：新华书店
印　　刷：大厂回族自治县彩虹印刷有限公司
法律顾问：北京科宇律师事务所　（010）83622312

开　　本：710mm×1000mm　　1/16
字　　数：270 千字
印　　张：19
版　　次：2023 年 10 月第 1 版
印　　次：2023 年 12 月第 2 次印刷

书　　号：978-7-5115-7956-0
定　　价：58.00 元

前言

全面建设社会主义现代化国家，全面推进中华民族伟大复兴，关键在党，关键在人。2023年6月召开的全国组织工作会议提出了习近平总书记关于党的建设的重要思想，是习近平新时代中国特色社会主义思想的重要组成部分。全国各级党组织要把学习贯彻党的建设的重要思想，作为一项重大政治任务抓紧抓好，全面掌握其核心要义、精神实质、丰富内涵、实践要求，用以武装头脑、指导实践、推动工作。

对我们这样一个长期执政的党来说，数量应该没什么大问题，难的主要是提高质量。习近平总书记曾指出，一些地方和部门党建工作还存在重形式轻内容、重过程轻结果、重数量轻质量的问题，看起来热热闹闹，实际效果却不佳，甚至与中心工作"两张皮"、没有什么效果。截至2022年12月31日，中国共产党党员总数为9804.1万名，现有基层组织506.5万个，是世界上最大的马克思主义执政党。同时要看到，数量不等于质量，大党不等于强党。

基础不牢，地动山摇。抓好基层党建工作，基层党组织牢不可破，党员队伍坚不可摧，党的执政地位就坚如磐石，党和人民的事业就无往而不胜。基层党建工作的基本任务，除了《中国共产党章程》第三十二条规定的内容，还有对街道社区、乡镇、国有企业、非公有制经济组织、社会组织、事业单位、党和国家机关等的基层组织，分别提出了不同的重点任务。完成好上级党组织部署的这些重点任务，关键在我们能不能树牢质量意识，坚持质量标准。在新时代党的建设总要求中，我们党提出要"不断提高党的建设质量"，我们要深刻认识其重大意义和实践要求，并落实到党的建设各项工作中。

党建工作如何做实、做强、做细？《如何提升工作质量》一书，以专题形式介绍了基层党建知识，坚持问题导向，强化问题意识，既讲认识论又讲方法论，力图从基层党建日常工作中，寻找到提高工作质量的具体途径。本人作为一名基层党务工作者，结合自身的工作经历和实践经验，梳理总结基层党建工作的三十个重点问题，对基层党建工作的基本任务、工作内容、工作方法等进行阐述，并对如何做好国有企业党建工作进行专门论述。这本书中还附有工作中常用的知识链接，列举大量典型的案例，具有较强的知识性、实用性和可操作性，以期为基层党务工作者提供参考。

目录

▼
▼

第一讲 谁是党员大会的主体

💬 **本篇主要观点:**

党员大会是议事决策机构,而议事决策的主体应该而且必须是党员。应该多种途径让党员参与讨论,鼓励和支持党员充分发表意见,积极营造人人发言、畅所欲言、各抒己见的良好氛围。

《中国共产党支部工作条例(试行)》第十一条规定,党支部党员大会是党支部的议事决策机构,由全体党员参加,一般每季度召开1次。

党支部党员大会的职权是:听取和审查党支部委员会的工作报告;按照规定开展党支部选举工作,推荐出席上级党代表大会的代表候选人,选举出席上级党代表大会的代表;讨论和表决接收预备党员和预备党员转正、延长预备期或者取消预备党员资格;讨论决定对党员的表彰表扬、组织处置和纪律处分;决定其他重要事项。

村、社区重要事项以及与群众利益密切相关的事项,必须经过党支部党员大会讨论。

党支部党员大会议题提交表决前,应当经过充分讨论。表决必须有半数以上有表决权的党员到会方可进行,赞成人数超过应到会有表决权的党员的半数为通过。

支部党员大会主要程序

1. 宣布开会。主持人报告本支部党员的应到数、实到数、缺席数，并说明党员缺席的原因；宣布会议是否有效。

2. 开展讨论。围绕会议的中心议题，展开民主讨论。按预定议题给予每个党员充分发表意见的机会，让每个党员都能畅所欲言。在支部党员大会上，支部委员会认为确有必要时，可由支部委员将研究某个问题时的不同意见向支部党员大会作介绍，供到会党员进行讨论。

3. 表决通过。对一些重大事情，须经支部党员大会表决通过。支部党员大会通过决议，必须有本支部半数以上党员参加，并经过有表决权正式党员半数以上的党员表决同意，方为有效。

4. 形成决议。对支部党员大会讨论通过的重要问题要形成正式决议，需经上级党组织审批的要报批。上级党组织批准后，要及时向支部党员通报。对于个别党员因故没有参加会议，支部书记或支部委员要在会后向他们传达会议决议。

5. 做好记录。记录好会议时间、地点，党员出席、缺席情况，大会的中心议题，党员发言要点，讨论中的不同意见，支部党员大会作出的决议等，会后归档保存。

支部党员大会又称支部大会，是党支部全体党员参加的会议，是党支部的最高领导机关，在党支部中享有最高决策权、选举权和监督权。会议由党支部书记召集并主持，书记不能参加会议的可委托副书记或委员召集并主持，全体党员参加。党员大会讨论决定问题，必须执行少数服从多数的原则。决定重要问题要进行表决，一般情况下必须有半数以上有表决权的党员到会方可进行，赞成人数超过应到会有表决权党员的半数方可通过。进行选举时，有选举权的到会人数不少于应到会人数的4/5，会议有效。

要明确党员大会的职责定位，准确区分党员大会与集中学习会、业务工作会。党员大会应主要体现民主议事和决策职能，不宜出现过多集中学习内容，尤其不能将党员大会与定期理论学习、"读书会"混淆，也不能简单与业务工作会合并。在实际工作当中，有的党支部在党员大会中除完成议事决策事项外，还安排政治学习的环节，完成党员思想教育等工作。采取集约化方法开展工作，一次会议完成多项工作，对基层党组织本无可厚非，但是将党员大会变成纯粹的政治学习会议，而没有任何议事决策安排，这是不恰当的，属于舍本求末、本末倒置。纯粹的政治学习，可以在党课、党小组会、理论学习会等组织生活中安排，而不应该成为党员大会的主要任务。

党员大会的主要职责决定了党员是议事决策的主体。党支部重要事项要充分征求党员意见，听取党员建议，而不是仅仅在会上举举手、走过场。《中国共产党支部工作条例（试行）》规定："党支部党员大会议题提交表决前，应当经过充分讨论。"什么叫充分讨论？就是要经过几上几下的过程，从群众中来，到群众中去，听取意见，优化方案，有民主也有集中。比如在"讨论决定对党员的表彰表扬、组织处置和纪律处分"时，支委要在制订方案前，提前听取党员群众意见。初步方案制订后，再次征求不同层面党员群众意见；根据大家的反馈意见修改完善后，再提请党员大会审议。充分听取党员群众意见和建议，发挥党员主体作用，不能有一搭无一搭，想起来就干，想不起来就不安排，需要用机制固化下来。可以有意识性地在党员大会方案中，安排"党员讨论"这个环节，鼓励和支持党员充分发表意见，对党员发表的不同意见一定要虚心听取，即使说得不对也不能扣帽子、打棍子，积极营造人人发言、畅所欲言、各抒己见的良好氛围。

党员大会要有吸引力。为什么有的党员大会吸引力不强，党员参与的积极性不高，群众的评价不好？就是因为年年岁岁花相似，四季只唱一支歌。要坚持问题导向，打通"学"与"干"的关系，让支部生活真正解决问题，让党员真正发挥作用。虽说该学习的一定要学习，但绝不能单纯在会议室传达学习贯彻，从文件到文件，从书本到书本，不落实到实践上、行动里、效果中。要尽量减少一些小和尚念经式的学习，把学习与研讨、学习与实干、学习与查找不足和整改落实结合起来，更多地到一线车间、工作现场去，解决经营管理、生产生活、思想作风上的瓶颈问题。这样，既能突出"党味"、锻炼党性，又能让党员情愿参加、喜闻乐见。

＜知识链接＞

如何开好党员大会

一、党支部党员大会的职责是什么？

1. 听取和审查党支部委员会的工作报告。

2. 按照规定开展党支部选举工作，推荐出席上级党代表大会的代表候选人，选举出席上级党代表大会的代表。

3. 讨论和表决接收预备党员和预备党员转正、延长预备期或者取消预备党员资格。

4. 讨论决定对党员的表彰表扬、组织处置和纪律处分。

5. 决定其他重要事项。

二、党支部党员大会如何召开？

党支部党员大会一般每季度召开 1 次。

1. 党支部党员大会由党支部书记召集并主持。书记不能参加会议的，可以委托副书记或者委员召集并主持。主持人应在会前确定好党员大会的议题，准备预案，通知全体党员。

2. 支部委员会要在会前将支部党员大会的内容、目的、时间和要求等通知全体党员，让党员明确会议所要讨论和解决的问题，以便在支部党员大会上充分发表意见。

3. 全体党员（包括预备党员）都应参加支部党员大会，若有个别党员因故请假，支部书记或支部委员应在会前听取他们对议题的意见，并把他们的意见进行转达。有些支部党员大会可适当吸收一些非党员同志参加，如讨论吸收党员的支部党员大会，可以请一些入党积极分子列席。

4. 围绕会议的中心议题，按预定议事程序进行。每个党员充分发表意见，认真开展讨论，对于需要贯彻落实会议精神的，应提出具体要求；对需要作出决议的议题，按照少数服从多数的原则进行表决。

5. 做好会议记录。包括会议时间、地点、党员出席和缺席人数、大会的中心议题、党员发言的要点、讨论中的不同意见、支部党员大会作出的决议等。会议结束后，记录要归档。

三、党员大会如何形成决议？

1. 形成决议草案。支部党员大会讨论决定的重要问题，一般应由支部委员会先讨论研究，并提出供支部党员大会讨论的决议或决定的初步意见和方案，以便于党员大会展开讨论。

2. 展开民主讨论。党支部党员大会议题提交表决前，应当经过充分讨论。

3. 党员表决通过。党员到会方可进行，赞成人数超过应到会有表决权的党员的半数为通过。对于经过讨论仍不能统一认识的问题，一般不要急于作出决议，可以进一步酝酿，下次会议再讨论表决，必要时可以报告上级党组织。如果事情紧急，应根据少数服从多数的原则进行表决，作出决议。对于持不同意见者，允许保留意见，但其必须执行决议。

4. 支部党员大会所作出的决定、通过的决议，按规定需要上级党组织审批的，要报上级党组织审批。上级党组织批准后，及时向党员公布。

四、党支部党员大会决议如何贯彻？

1. 对支部党员大会作出的决议，党支部委员会要认真研究，制定具体措施和办法，组织贯彻落实，不能随意修改或不执行。

2. 支部的每个党员都必须服从并认真贯彻执行。

3. 支部书记或支部委员要在会后及时向没有参加会议的党员传达决议。

【典型案例】

某行政经营第五支部党员大会

支部书记张山在视频会议室主持：

各位同志，按照疫情防控要求，本月党员大会采用视频会议的形式。经过支委会讨论，会议主要有三项议程：

一、第一议题（在线学习）

1. 学习党中央关于疫情防控和复工复产最新部署要求。

2. 学习《关于各级党组织和全体党员要在疫情防控中发挥先锋模范作用的通知》，学习贯彻×××党委工作部署。

3. 学习疫情防控先进党员的事迹。

二、第一行动（在线讨论）

1. 当前我部门在疫情防控和组织复工复产中存在的难点、不足和解决办法。

2. 自己在思想、作风、工作上存在哪些不符合上级要求的问题。

3. 如何更好地在单位发挥先锋模范作用。

三、评选先进

1. 评选前一阶段在疫情防控和复工复产中表现突出的优秀党员。

2. 发挥作用开展"回×××顶岗一日，让×××轮休一日"志愿活动，组织党员到疫情防控最吃劲、最艰难的地方发挥作用。

点评：上面这个案例，就非常有实效。议题一项一项进行，有学习，有讨论，党员踊跃参与。该支部还在集中学习之后，引入了"第一行动"机制，坚持了问题导向，将党员大会侧重点放在解决问题和推动发展上。通过以评促建，激励党员争先创优。议事决策内容与学习相呼应，达到了理论联系实际、学以致用的目的。

第二讲 党支部委员会应该干什么

💬 **本篇主要观点:**

党支部委员会要理直气壮讲中心工作。支委会不是去替代行政班子会,而是要更多注重从把关定向的角度,从思想政治工作入手,从党的建设入手,从党建与业务融合入手,通过调动积极性和主动性,强化责任感和使命感,提升工作质量,推动工作进展。

《中国共产党支部工作条例(试行)》第十二条明确规定,党支部委员会是党支部日常工作的领导机构。党支部委员会会议一般每月召开1次,根据需要可以随时召开,对党支部重要工作进行讨论、作出决定等。党支部委员会会议须有半数以上委员到会方可进行。重要事项提交党员大会决定前,一般应当经党支部委员会会议讨论。

1. 主要内容。研究如何贯彻执行党的路线方针政策和上级党组织的决议指示;讨论研究党员教育管理措施,发展党员及对党员的奖惩事宜;讨论研究群众思想政治工作以及工会、共青团、妇联等工作中的重要问题;讨论党支部年度工作计划和阶段工作安排,确定提交支部党员大会讨论决定的事项;讨论处理党支部日常工作。

2. 主要程序。宣布开会和介绍议程，讲明议题和讨论要求；围绕议题充分展开讨论；归纳意见，进行表决，形成决议；对落实支委会决议或决定进行分工；整理会议记录存档备查。

火车跑得快，全靠车头带。支部工作好不好，支委会能否发挥作用至关重要。《中国共产党支部工作条例（试行）》明确规定，支委会要履行党支部日常工作的领导职能，对党支部重要工作进行讨论，做出决定。支委会会议议题一般包括研究、贯彻上级党委的决议和指示，讨论制定完成生产和工作任务的方针办法，研究党的建设和党员教育管理方面的问题，研究有关干部选拔、调整方面的问题，研究培养、发展新党员方面的问题，讨论研究协调工青妇等群团组织工作方面的问题。会议由党支部书记召集并主持，书记不能参加会议的可委托副书记或委员召集并主持，全体委员参加。会议须有半数以上委员到会方可进行，讨论干部问题时应有 2/3 以上委员到会。确因工作需要可召开支委会扩大会议，吸收党小组组长、有关党员干部及有关行政干部列席，但必须有半数以上的支委会成员参加，列席人员可以发表意见但无表决权，支委会扩大会议不宜过多，决不能以支委会扩大会议代替支委会。支委会要实行"一题一议，一事一议"的议事原则。很多党支部书记，同时也是行政领导。在支委会上，应及时将身份从行政领导向支部书记转变，更多采取民主集中制不搞"一言堂"，少用行政命令，确保讨论研究充分体现支委班子的意见。

党支部委员会要理直气壮讲中心工作。党支部的重要工作，不仅指党的建设中的重要工作，比如，需要上报上级党组织的事项、员工队伍思想状况分析等，还包括中心工作中需要支委会讨论决定的重要事项，比如，战略规则、组织调整、重要人事任免、当前重点工作推进过程中存在的问题、涉及群众切身利益的问题等。要弄明白支委会与行政班子会的区别。支委会讨论制定完成生产和工作任务的方针办法是党建工作与生产经营深度融合的题中之义，但不是要求用支委会代替行政班子会，不是用支委决策代替领导班子决策，而是更多注重从把关定向的角度，从思想政治工作入手，从党的建设入手，从党建与业务融合入手，通过调动积极性和主动性，强化责任感和使命感，提升工作质量，推动工作进展。

支委会的组织功能就是发现问题，通过会议讨论，提出方案，开展行动，给予指导和帮助。面对发现或存在的问题，支委会是置若罔闻、不管不顾，还是义不容辞、直面解决，决定着支部能否真正发挥战斗堡垒作用，也决定着支部工作是否与中心工作水乳交融。支部委员会要善于利用支委会，精准发现问题，集体分析问题，讨论并找到解决问题的方案或方法。比如，可以采取对比的方法，对照上级要求和工作部署进行条缕分析，与先进标杆比，与同行同事比；可以采取听取意见的方法，比如，听取上级领导的意见，听取党员群众的意见等。可以设立听取群众意见的机制，比如，在支委会议程中设立"讨论问题"的固定环节，每次支委会，支委都要汇报近期征求和听取意见的情况，经过梳理归纳形成解决的问题。

<知识链接>

某公司党支部支委会议事规则

一、目的

规范公司党支部委员会议事程序，提高支委会决策的科学化、民主化、规范化水平。

二、适用范围

公司党支部委员会。

三、编制依据

1.《中国共产党章程》。

2.《中国共产党支部工作条例（试行）》。

3.《中国共产党国有企业基层组织工作条例（试行）》。

4.《集团公司党组工作规则》。

四、职责分工

（一）支部书记

1.提出会议议题，对党支部委员提出的议题建议综合考虑并确定。

2.召集和主持支部委员会议。

3.议事决策、签发党支部文件。

（二）支部委员

1.提出会议议题的建议。

2.在会上就议题发表个人意见。

3.投票表决。

五、议事内容与程序

（一）议事内容

1. 贯彻落实上级党组织决策部署的重大举措。

2. 拟订规章制度和重要规范性文件中的重大事项。

3. 业务工作发展战略、重大部署。

4. 重大改革事项。

5. 重要人事任免等事项。

6. 重大项目安排。

7. 大额资金使用、大额资产处置、预算安排。

8. 职能配置、机构设置、人员编制事项。

9. 审计、巡视巡察、督查检查、考核奖惩等。

10. 重大思想动态的政治引导。

11. 党的建设。

12. 其他应当由党支部讨论和决定的重大问题。

（二）参与重大问题决策的主要程序

1. 支委会对拟决策的重大问题进行讨论研究，提出意见和建议。支委会认为需要董事会、经营层决策的，可向董事会、经营层提出。

2. 进入董事会、经营层尤其是任董事长或总经理的支部委员，要在议案正式提交董事会或经营层会议前，就支委会的有关意见和建议与董事会、经营层其他成员进行沟通。

3. 进入董事会、经营层的支部委员，在董事会、经理层决策时，要充分表达支委会意见和建议。

4. 进入董事会、经营层的支部委员，发现拟作出的决策不符合党的路线方针政策和国家法律法规，或可能损害国家、社会公众利益和公司、员工的合法权益时，要提出撤销或缓议该决策事项的意见，会后及时向支委会报告，通过支委会形成明确意见后向董事会、经营层反馈。如得不到纠正，要及时向上级党组织报告。

（三）议事要求

1. 支委会应当按照集体领导、民主集中、个别酝酿、会议决定的原则做出决策，实行科学决策、民主决策、依法决策。

2. 重大经营管理事项必须经支委会研究讨论后，再由董事会或者经营层做出决定。

3. 支委会做出重大决策，一般应当经过调查研究、征求意见、充分酝酿等程序，按照规则由集体讨论和决定。

4. 支委会对有关重要问题做出决定时，应当根据需要充分征求相关部门或员工的意见，重要情况应当及时进行通报。

（四）会议组织

1. 支委会议由支部书记召集和主持，一般每月召开不少于1次，遇有重要情况可以随时召开。

2. 支委会议应当有半数以上支委到会方可召开，讨论和决定干部任免、处分党员事项必须有三分之二以上支委到会。

3. 支委因故不能参加会议的，应当在会前向支部书记请假，其意见可以用书面形式表达。

4. 支委会议议题涉及本人或者其亲属以及存在其他需要回避情形的，有关成员应当回避。

5. 根据工作需要，召开支委会议可以请不是支委的公司经营层成员列席，支部书记可以根据议题指定有关人员列席会议。列席人员没有表决权。

6. 根据工作需要和议题内容，支部书记可以决定召开支委扩大会，扩大范围视具体情况定。

（五）会议准备

1. 支委会议议题由支部书记提出，或者由支委提出建议，经支部书记综合考虑后确定。会议议题应当提前书面通知支委。支委会议一般不临时增加议题，干部任免等重大事项不得临时动议。

2. 会议召开时间由支部书记根据需要确定。原则上，会议材料应提前 1 天送达支委成员，并做好保密工作。紧急情况临时召开的支委会，不受此限制。

（六）讨论解决

1. 支委会议议题提交表决前，应当进行充分讨论。表决可以采取口头、举手、无记名投票或者记名投票等方式进行，赞成票超过应到支委半数为通过。未到会支委的书面意见不得计入票数。表决实行会议主持人末位表态制。会议研究决定多个事项的，应当逐项进行表决。表决方式和表决结果应如实记录在案。审议时表态：同意、原则同意、不同意、保留意见。

2. 支委会实行集体领导制度。凡属党支部职责范围内的事项，必须执行少数服从多数的原则，由支委集体讨论和决定，任何个人或者少数人无权擅自决定。

3. 支部书记应当带头执行民主集中制，不得凌驾于组织之上，不得独断专行。支部委员应当对支委会讨论和决定的事项积极提出意见和建议。

4. 支部委员必须坚决服从支委会集体决定，有不同意见的，在坚决执行的前提下，可以声明保留，也可以向上级党组织反映，但不得在其他场合发表不同意见。

（七）执行

1. 支委会议应如实记录。决定事项应当编发会议纪要，并按照规定存档备查。

2. 支委会决策一经做出，应当坚决执行。支部委员应当在职责范围内认真抓好支委会决策的贯彻落实。（来源：《融合型党建》，李会营 著）

【典型案例】

特钢车间党支部委员会

支部书记张山：同志们，5 名支委全部到齐，支委会现在开始，请组织委员振国同志做会议记录。这次会议的议程有四项：一是讨论《关于开展高质量发展大讨论的工作方案》；二是分析员工队伍思想状况；三是讨论困难员工救助事项；四是讨论本月主题党日议程。

下面进行第一项议程：讨论《关于开展高质量发展大讨论的工作方案》。

上周，党委下发了《关于开展高质量发展大讨论的通知》。我和赵兵同志进行了讨论，按照通知要求，拟订了一个初步方案，昨天已经发到各位邮箱。现在，请大家发表意见。

钱英：活动的大框架我同意。有一个建议：要通过这次讨论，明确我们车间高质量发展的关键指标和实现路径。我觉得有两个指标要明确，一是成本指标，二是质量指标。指标怎么定，怎么实现这个指标，在讨论时请大家集思广益。

徐清风：公司党委要求开展"三比三看三提高"，最好确定一两个优秀车间，作为对标学习的对象。二厂第三车间的成本管理水平很高，我们是不是可以去取经学习？

孙为民：我学习了厂党委的方案，注意到方案中提出的"创新是第一动力""人才是第一资源"，它们明确了推动高质量发展的工作重点。我们车间青工较多，加强青年人才培养，应该是推动高质量发展的重要工作，建议将其作为重点之一，讨论并拿出具体措施。

徐清风：刚才为民同志讲到创新，咱们的方案中，关于如何创新，表述得有些笼统，应该更聚焦一些，比如：成立新技术引进小组，及时关注最新技术动态，成立技术创新工作室，让技术骨干发挥引领作用。

……

（讨论结束后）

张山：好的，刚才同志们的意见，很有建设性，方案更完善了。请赵兵同志修改方案，将这些意见充分融合进来，修改后再发给大家征求意见，争取下周将大讨论开展起来。

下面进行第二项议程：分析员工队伍思想状况。

张山：今年上半年，员工队伍的精神面貌整体上是积极向上的，绝大多数同志踏实工作、认真负责。但我注意到一些苗头，比如，个别同志政治学习积极性不高，参加学习迟到早退；有的同志工作积极性下降，责任感不强，有"多干多错，少干少错，不干不错"的消极心理，工作上出现了敷衍应付的现象。请大家谈谈自己的看法。

赵兵：的确有这种情况。还有个别同志迟到早退，工作吊儿郎当，上班时间打游戏。

孙为民：这种风气不能纵容。个别党员不听从班组长的工作安排，拈轻怕重，怕苦怕累，表现还不如群众。

徐清风：这些问题的根子，一是我们的思想工作不及时、不得法，针对性不强，效果不明显；二是管理人员没有真正履行好管理职责，不好意思拉下脸开展批评；三是绩效考核不严格，没有拉开差距，干多干少一个样、干好干坏一个样。

……

（讨论结束后）

张山：今天的分析很有建设性。这些问题需要引起大家重视，也要采取措施进行整改。我已经将这些意见和建议记下来了，会后再整理一下形成报告，一是向上级报告，二是拿出整改方案，在全体员工大会上讲一讲。

下面进行第三项议程：讨论困难员工救助事项。

张山：按照厂工会救助困难员工的通知要求，咱们车间有4位同志申请了困难救助。这是名单和申报理由，请大家讨论。讨论的结果将上报厂工会。

徐清风：小秦也报名了？他上半年刚买了一辆车，下半年就申请救助，影响不好吧。

王振国：他申请救助的原因是老家遭遇洪灾，这是不可抗力。况且，如今汽车只是代步工具，他买的是一辆普通车，也不是什么奢侈品，我觉得不影响申请。

小沈：……

……

张山：对小秦的申请，大家还是有些分歧。我建议大家再认真研究一下困难救助制度，然后咱们投票决定。

（投票，公布投票结果）

下面进行第四项议程：讨论本月主题党日议程。

张山：本月的主题党日，议程初步考虑有四项：一是学习习近平总书记的两个重要讲话；二是开展高质量发展大讨论；三是公示上半年的党费使用情况；四是汇报支部上半年的工作。请大家发表意见。

徐清风：我觉得应该再加上一项，学习《中国共产党纪律处分条例》并进行小测试。这个条例虽然上次学过，但条款太多，只学一次也记不牢。可以选择部分与我们工作密切相关的条款，再进行一次深入学习，提高大家的遵规守纪意识。学习结束后，再搞一个小测试，强化学习效果。

……

（讨论结束）

张山：全部议程结束。今天的支委会到此结束，请大家在会议记录上签字。散会。（来源：《融合型党建》，李会营 著）

点评：特钢车间这个案例，清晰地表明了支委会要理直气壮讲中心工作。基层党建必须要尽快转变一个认识，就是要正确对待党建工作，将党组织工作的重心转变过来。从以党务工作为重点，转变为以党建为重点，将推动本单位中心工作的完成列入党组织的工作计划和重点任务。要防止支部计划放之四海而皆准的现象。当然，支委会并不是要代替行政会，而是要从思想、能力、作风方面推动中心工作落实落地。

第三讲　党小组的主要任务是什么

💬 **本篇主要观点：**

党小组的主要任务是落实。党小组在强化政治学习的同时，要聚焦党员思想、作风、工作中的各种问题，解决矛盾、推进工作。同时注意区分不同会议的学习重点。

《中国共产党支部工作条例（试行）》第十三条规定，党员人数较多或者党员工作地、居住地比较分散的党支部，按照便于组织开展活动原则，应当划分若干党小组，并设立党小组组长。党小组组长由党支部指定，也可以由所在党小组党员推荐产生。党小组主要落实党支部工作要求，完成党支部安排的任务。党小组会一般每月召开1次，组织党员参加政治学习、谈心谈话、开展批评和自我批评等。

党支部是党的基础组织，党小组是基础中的基础，是党与党员的"最后一米"。党小组不是党的一级组织，是党支部的组成部分，直接受党支部领导。按照有关规定，党员人数在20人以上的党支部，一般应当划分若干党小组。党小组会是党小组活动的主要形式之一，是党支部组织生活的一个重要组成部分，也是基层党员参加会议最多的组织生活。党小组会议内容一般围绕党的中心工作和党支部的近期工作，结合本小组实际情况确定，每次解决一两个问题，通常是组织党员学习；研究贯彻执行支部决议和各项工作任务；听取党员汇报思想和工作情况；开展批评和自我批评；研究发现新党员、评选优秀党员；讨论对党员的处分等。党小组会议由党小组组长召集并主持，党小组全体党员参加。开好党小组会议，加强党小组建设，是党支部的一项非常重要的工作。

党小组的主要任务是落实。党小组在强化政治学习的同时，要聚焦党员思想、作风、工作中的各种问题，解决矛盾、推进工作。比如，政治学习是党小组会的主要内容。传统的党小组会习惯采用"一人讲、大家听、单向灌输"的学习方式，效果并不理想。而互动式党小组会，让人人参与，可以激发共同思考，实现共同提高。党小组会要更多增强与党员的互动性，让每一个党员参与，激发共同思考，实现共同提高。比如，对如何执行党支部布置的工作，请党员充分发表意见，使党小组会开成形势分析会、思想统一会、情况通报会、成效检验会、思路对策会。又如，学习上级布置的内容时，可以提前将学习资料发给大家，会议中增加提问的环节，请全体党员参与讨论加深思考和理解。再如，召开以"重温入党志愿书"为主题的组织生活，请每名党员重读自己的入党志愿书，分享感受和体会。党小组会议要体现学做结合，让党员结合实际、带着问题参与讨论，让党员在埋头苦干、真抓实干的自觉行动中，把学习成果、初心使命变成锐意进取、开拓创新的精气神。

这里还要说明一个问题，在开展政治学习的同时，我们要注意区分不同会议的学习重点。支委会的政治学习，体现的是支委们先学一步、学深一层，从而发挥好示范带动作用，所以学习内容更多体现出全面性，时间要求上更多体现及时性，学习形式上更多体现讲话原文。党员大会的政治学习，体现的是内容的重要性。只有最重要的学习内容，才会在党员大会上安排学习，所以更多采用的专题学、辅导学的形式，讲清楚重要会议、重要讲话、重要决策部署等的精神实质。党小组会的学习内容，更加突出及时性、系统性。因为党小组会召开频次高，所以需要及时学习的重要内容，可以及时组织党小组会进行学习。党小组会还可以安排主题学习、系列学习、视频学习、现场学习等，增强学习活动的吸引力。虽然很多的学习内容，支委会上学过之后，还会安排在党员大会和党小组会上学，很多内容可能会出现重复学的现象。但是只要组织安排得当，做好学习方案，优化活动过程，完全可以避免。退一步来说，重复并不是坏事。每一次重复学的过程都是反复提高的过程，正所谓温故而知新，党员、干部就是要多学习。

< 知识链接 >

《中央和国家机关党小组工作规则（试行）》（节选）

第一章　党小组设置

第一条　根据党员数量和工作需要科学设置党小组。党员人数在20人以上的党支部，一般应当划分若干党小组；党员人数不足20人的，可以根据工作需要划分党小组。每个党小组不少于3名党员，其中至少有1名为正式党员。

第二条　党小组的建立、调整和撤销，由党支部决定并报上级党组织备案。

党支部设置或者工作形势发生变化的，可以根据需要对党小组的设置作出相应调整。

第二章　职责任务

第三条　党小组的主要职责是落实党支部工作要求，完成党支部安排的任务，积极开展党内活动，督促指导党员发挥先锋模范作用。

第四条　党小组的基本任务是：

（一）突出政治功能，教育引导党员带头增强"四个意识"，坚定"四个自信"，做到"两个维护"，在深入学习贯彻习近平新时代中国特色社会主义思想上作表率，在始终同以习近平同志为核心的党中央保持高度一致上作表率，在坚决贯彻落实党中央各项决策部署上作表率；

（二）组织党员认真学习马克思列宁主义、毛泽东思想、邓小平理论、"三个代表"重要思想、科学发展观、习近平新时代中国特色社会主义思想，学习党的路线、方针、政策，学习党的基本知识等；

（三）严格党的组织生活，深入进行谈心谈话，认真开展批评和自我批评，组织和督促党员按时参加党的活动；

（四）协助党支部对党员进行教育、管理和监督，做好入党积极分子和发展对象培养教育、预备党员考察、党费收缴等日常工作，关心党员的思想、工作、学习、生活等情况，及时向党支部反映党员的意见建议和实际困难；

（五）组织党员做好群众工作，经常向群众宣传党的基本理论、基本路线、基本方略，做好群众的思想政治工作，及时向党支部反映群众的意见和诉求；

（六）坚决贯彻落实党中央决策部署，推进本部门本单位中心工作，执行上级党组织决议，完成党支部交办的任务。

第三章　组织生活

第五条　党小组会。围绕党的中心工作和党支部的具体任务召开。会前，党小组组长应当向党支部请示，确定会议内容，将议题通知全体党员；会上，组织党员开展学习讨论。会议应当做好记录，存档备查。党小组会由党小组组长召集并主持，一般每月召开1次。

第六条　组织生活会。会前，应当围绕会议主题组织学习，开展谈心谈话，充分听取意见；会上，认真查摆问题，开展批评和自我批评，明确整改方向；会后，制定整改措施，抓好落实，并及时向党支部报告。

第七条　民主评议党员。根据党支部统一安排，督促党员对照合格党员标准、对照入党誓词，联系个人实际进行党性分析，开展个人自评和党员互评。评议情况及时向党支部报告。

第八条　谈心谈话。党小组组长和党员之间、党员和党员之间应当开展经常性谈心谈话，坦诚相见、交流思想、交换意见、帮助提高。

第九条　主题党日。突出政治引领，组织党员集中学习、上党课、过组织生活、进行民主议事和志愿服务等，引导党员加强党性锻炼，增强党性观念和宗旨意识。党小组开展主题党日，应当报党支部同意。

第四章　党小组组长

第十条　党小组组长应当具备下列条件：

（一）正式党员；

（二）政治素质高，具备一定的政策理论水平，熟悉党的基本知识；

（三）热爱党的工作，有较强的事业心和责任感，在党员和群众中有较高威信；

（四）组织协调能力较强，能够团结带领党员完成党支部交办的各项任务。

第十一条　党小组组长由党支部指定，也可以由党小组党员推荐产生，一般由所在处、室党员主要负责人担任。

第十二条　党小组组长在党支部委员会的领导下开展工作，主要职责是：

（一）加强政治引领，组织党员开展政治学习，了解掌握党员思想动态，做好党员思想政治工作；

（二）引导党员发挥先锋模范作用，落实党中央决策部署和上级党组织要求，完成所在部门、单位工作任务；

（三）根据党支部决议和工作安排，向党员布置任务，并负责督促检查；

（四）召集并主持党小组会，严格党的组织生活；

（五）组织党员做好联系服务群众工作，及时向党支部反映有关情况；

（六）培养入党积极分子，协助党支部做好发展党员工作；

（七）收缴党费；

（八）完成党支部交办的其他任务；

党小组组长应当认真履责、以身作则，并自觉接受党支部和所在党小组党员的监督。

第五章　组织领导

第十三条　党支部应当加强对党小组工作的领导，积极为其开展工作提供有利条件。对工作开展不力的党小组组长进行约谈或者调整。党小组每年年底应当向党支部报告本年度工作情况。

第十四条　中央和国家机关各部门应当把党小组建设情况纳入各级党组织书记抓基层党建述职评议考核的重要内容，党员领导干部带头参加所在党小组活动，指导督促党支部按照应建尽建原则完善党小组设置，规范党小组活动，加强党小组组长教育培训，不断提高党小组工作质量。（来源：共产党员网）

【典型案例】

纪检审计联合党支部第二党小组会

党小组组长李静：同志们，现在开会。今天的党小组会，应到会8人，出差请假2人，会后我把会议内容转达给两位请假的同志，按照规定做好补学。今天的会议有四项议程：

一、第一议题

学习支部布置的两个内容，一是学习习近平总书记在××考察时的重要讲话，领会坚持新发展理念深入实施××振兴战略，加快推动新时代××全面振兴全方位振兴精神；二是党支部组织开展的"党章公开课"系列学习，今天我们学习第一讲：中国共产党章程的历史沿革。此外，还要学习中央纪委和国家监委发布的两个文件。

二、第一行动

讨论审计部和派驻纪检组两个部门在重点工作推进中存在的配合问题及解决方法。

三、每月一讲

由××同志主讲"资产转移手段分析"。上次党小组会议时，大家反映对这方面内容不是很了解，影响到工作进展。刘伟同志做了精心准备，结合自己的工作经验和学习体会，给大家讲一讲他的看法和认识。

四、每月分享

今天继续开展"三小"（小经验、小技巧、小技能）分享活动，请三位同志分享自己的工作技能和工作技巧类经验。王勇同志分享Excel功能与使用技巧，吴军同志分享电子文档分类经验，李心心同志分享管理费审计中容易被忽视的问题。（来源：《融合型党建》，李会营 著）

点评：在各类组织生活中，有意识安排"讨论和解决问题"环节，将支部战斗堡垒作用和党员先锋模范作用体现在推动中心工作和解决企业发展急难险重和职工群众急难愁盼的各类问题中，是目前多数基层党组织需要认真对待的事情。上面这个案例，与前面列举的党支部党员大会案例有相似之处。我们在日常实践当中，一定要树牢一个基本理念，这就是解决问题。不解决问题的会议、活动，不如不开。

第四讲 党课的作用是什么

本篇主要观点：

基层党课，就要坚定党性意识，激发工作积极性，为推动本单位工作任务的高质量完成装上"发动机"，添上"助推剂"，使之产生化学反应。党课的设计，要体现"找准问题、分析问题、讨论问题、解决问题"的思路。每次党课抓住一两个突出问题，通过学习、分析、讨论，达到统一思想、凝聚共识、解决问题、推动工作的效果。

《中国共产党支部工作条例（试行）》第十六条规定，党课应当针对党员思想和工作实际，回应普遍关心的问题，注重身边人讲身边事，增强吸引力感染力。党员领导干部应当定期为基层党员讲党课，党委（党组）书记每年至少讲 1 次党课。

党课是对党员进行党性教育、党的基本知识教育以及其他经常性教育的主要形式，是党员教育的一项重要工作。一般每季度上 1 次党课，党员领导干部应定期为基层党员讲党课。内容一般包括党的路线方针政策、党的基本知识、党的历史知识、国际国内形势等。毛泽东同志曾讲过，党课不能照书本去讲，那样讲，听的人要打瞌睡。当前党课的主要问题是，比较空泛和不接地气。很多领导干部都有讲好党课的实践和经验，但也有一些基层干部不敢讲、不会讲、讲不好，习惯以念报纸、学文件来代替讲党课，内容虚化、脱离实际，不解决问题，让人感觉不知所云、空洞无物。讲党课是领导干部的基本功。党课讲得好不好，表面看是讲课水平问题，深层次是思想和认识问题，反映的是政治理论水平，是对党、党员、党性、党建的认知高度。不把党章学透、理解深，做到熟记于心，是上不好党课的。讲党课本身就是一个学习、提高的过程，是一次难得的机会，也是组织安排的重任，所有讲党课的同志一定要从思想上重视起来，认真准备、用心备课，把自己所要讲的党课上好。

党课姓党，党课要锤炼党性。体现在如何对待组织、工作，如何对待同事、家人，如何对待纪律、制度、规定，是否有良好工作作风和干事担当精神等方面。党课的主题，应该紧紧围绕这些方面，因党员而起，为党员而开，切入点是思想、作风、纪律、责任等，落脚点是推动发展，发现问题、明辨是非、解疑释惑，提高党员的思想和作风水平。党课应当针对党员思想和工作实际，回应普遍关心的问题，注重身边人讲身边事，以小切口诠释大道理、以小故事阐明大理论，重点讲明白"中国共产党为什么能、马克思主义为什么行、中国特色社会主义为什么好"这一重大主题，切实增强吸引力感染力。党课的目标是加强党性锤炼。对基层来说，党性既是"高大上"的，也是具体、可感知的——对上级决定是坚决服从还是打折扣？对组织安排的任务是坚决服从还是挑肥拣瘦？能不能做到遵规守纪、爱岗敬业？对工作是全力投入还是随便应付？对同事是关心爱护还是挑拨离间？日常充满正能量还是牢骚满腹？在社会生活中是勤俭节约、孝亲爱仁还是奢靡炫富、飞扬跋扈……这些都是党性的具体表现。讲党课，就要在宣传理论、传达讲话的同时，通过对标先进、指出问题、找到差距，达到唤醒党员意识、锻炼党性的目的。

党课要解决问题。我的一位朋友在挂职河南某公司总经理结束时这样谈道："我把每一次党课都变成和大家交流思想、传达我的意图、组织动员党员的机会，在去年 9 月讲入党誓词，让大家看电视剧《人民的名义》中陈岩石给省委班子讲战斗史的故事，让大家牢记党员身份，以身作则做贡献；去年 12 月跨赛营销的关键时期，讲长征的故事，让大家背水一战战跨赛；今年 3 月讲九问九新工作理念，逐条对照本单位的现状和问题，让大家明确努力方向；今年七一，讲 10 个党史小故事，并把每一个故事和我们的现实工作生活相结合，让大家学历史、开新局。给基层的员工讲党课，不要高深的理论，不讲文绉绉的书面语，而是用大家一听就懂、一想就明白的大白话，没有发言稿，就是几张自己做的 PPT，我讲得起劲，员工听得认真。就是在一次一次的交流中，我们和员工的思想逐步贴近共融，开始迈着同一个节拍，向同一个目标努力。"

基层党课，就要坚定党性意识，激发工作积极性，为推动本单位工作任务的高质量完成，装上"发动机"，添上"助推剂"，使之产生化学反应。要从主题确定、备课准备，到课堂讲授、课后讨论，都突出问题导向。党课的设计，体现"找准问题、分析问题、讨论问题、解决问题"的思路。每次党课抓住一两个突出问题，通过学习、分析、讨论，达到统一思想、凝聚共识、解决问题、推动工作的效果。

＜知识链接＞

上好党课的注意事项

一、党课的基本要求是什么？

党支部除组织党员参加党委统一组织的党课外，每年要结合党员的思想和工作实际组织党课教育活动。其中，党支部书记要上一次党课，内容主要是围绕中心工作，结合党员的思想实际，对党员进行马克思主义基本理论、党的基本路线、党的基本知识和党的优良传统的教育，进行有关增强党性观念的教育和时事政策教育，解决思想问题，回应普遍关心的问题。党课教育可以吸收入党积极分子参加。

二、党课教育方法有哪些？

党课应当针对党员思想和工作实际，回应大家普遍关心的问题，注重身边人讲身边事，增强吸引力感染力。可采取由党员领导干部讲党课、组织党员参观考察、观看有教育意义的影视作品等多种形式。

1. 多媒体式，党课与互联网手段相结合的形式。将党的历史、党的建设方面的先进典型制作成党课教材进行学习，配合课堂讲授。

2. 现场式，党课与参观见学活动相结合的形式。在进行形势教育时，可组织党员到革命旧址、纪念馆上党课。

3. 测验式，党课与知识测验相结合的形式。在讲课之前，作为对党的知识的摸底；在讲课过程中，作为对学习态度的考核；在讲授之后，作为对讲授效果和学习情况的检验。

4.报告式，党课与典型报告相结合的形式。根据党课内容，请先进党组织和先进党员作典型报告，配合课堂讲授。

5.党课与重大活动相结合的形式。如组织入党宣誓、主题歌咏比赛等。

【典型案例】

交叉讲党课将学习教育引向深入

为落实全面从严治党要求，严肃党内组织生活，促进各级党组织书记更好地履职尽责，落实好"三会一课"制度，深入推动陕西邮政各单位"两学一做"学习教育的扎实开展，中国邮政集团陕西分公司机关党委结合实际，在总结前三个季度支部书记讲党课经验基础上，率先创新启动了交叉讲党课活动。讲课人由支部书记到党员代表，讲课范围由企业内部拓展至四大板块，互相学习、互相提高、互相促进，学习教育推进扎实有效。

企业内部交叉讲党课，扎实落实"三会一课"

2016年8月16日至9月30日，交叉讲党课率先在企业内部开展，中国邮政集团陕西分公司党组成员和基层党组织书记参加了交叉讲党课活动，先后开展交叉讲党课36次。省分公司张晓阳书记以"从严从实抓好学习教育，真学真做争当合格党员"、党组成员强国茂同志以"深刻认识意义内涵，大力践行'两学一做'"、党组成员李爱军同志以"严守党规党纪，努力做一名合格党员"、党组成员石明同志以"做合格党员，促邮政发展"为主题，分别带头到别的支部讲党课，树立讲党课标杆。之后，机关各部室、直属专业局书记按照抽签结果进行交叉讲党课，他们分别以"不忘初心，牢记使命""把握四个全面战略思想，协调推进企业发展""用好五大发展理念指导业务健康发展""党员干部如何发挥作用""学习党章体会""树立群众观点，践行群众路线""正确对待得与失，在奉献中实现人生价值"等为主题，用平实的语言、生动的讲述，使广大党员对"两学一做"有了更加深入的理解，增强了党员政治理论学习的自觉性，进一步统一了思想，凝聚了人心。通过讲课人的深入思考、精心备课和精彩讲解，打造了一批优秀党课样板，并将讲课精华视频通过"陕邮党群微课堂"等新媒体渠道及时进行传播，让全省邮政各级基层党组织书记和党务人员学习借鉴，推动基层"三会一课"真正落到实处。

四大板块交叉讲党课，强化板块沟通融合

10月8日至10月31日，讲党课进入第二阶段，四大板块开展交叉讲党课活动。邮储银行、速递物流、中邮保险三大板块均为人、财、物独立的垂直管理单位，党组织关系隶属邮政企业机关党委。为贯彻落实集团公司关于加强板块交流、强化板块融合发展的指示精神，进一步强化党组织的政治核心作用，在总结第一阶段交叉讲党课经验基础上，分公司机关党委决定在企业、银行、速递和保险四大板块之间开展交叉讲党课活动。

企业、银行、速递、保险四个单位党委委员，以及各单位推荐的优秀支部书记共10人参与了此次交叉讲党课活动。一方面，四大板块间领导通过交叉党课形式，谈认识、讲体会、传经验，达到了相互交流、互相学习、讲学相长，促进板块间交流和融合发展。一方面，机关党委指派专人参加每堂交叉党课，通过聆听领导人讲党课，了解"两学一做"学习教育在邮储银行、速递物流和中邮保险三大板块的落实情况和成效。

党员代表交叉讲党课，发挥先锋带动作用

11月1日至12月31日，交叉讲党课开启第三阶段，选取优秀党员代表讲党课。围绕省直工委"两学一做"学习教育实施方案中"发挥党员作用、勇于担当作为"主题，为切实推动陕西邮政各单位"两学一做"学习教育的深入开展，决定开展党员代表交叉讲党课活动。

各支部推选的优秀党员代表，紧紧围绕"发挥党员作用、勇于担当作为"主题，现身说法，谈自己的体会、感受以及在自己岗位上如何发挥带动作用，用自己身体力行的事例来教育、启发、引导广大党员。由基层各党支部书记交叉讲党课扩展为基层党支部党员交叉讲党课，在激发支部书记"第一责任人"积极性的同时，又充分发挥了党员干部的先锋模范和骨干带头作用，将"两学一做"继续推向深入。

交叉讲党课活动的开展，是对各支部"两学一做"学习的考验，是对支部书记和党员个人党性意识的考验，是对四大板块各单位学习深度的考验，是对党员干部率先学、率先做的考验，是我省深化"两学一做"学习教育、促进党建工作的创新举措。一是互动交流，取长补短，促进了基层党建工作提升。随着活动的开展，板块之间、支部之间、党员之间交流互动不断扩大，讲课人精心备课，拿出本单位最好的水平和状态展示给兄弟单位，相互学习借鉴基层党建工作经验，增强了"三会一课"活力，强化了基层党组织建设。二是深入思考，精心备课，促进了支部书记水平提高。讲课采取随机抽签方式，事先根本不知道会到哪个支部讲，对各党组织和讲课人都形成了正向的积极的冲击。"为讲好党课，我必须在抓好生产经营的同时，要挤出时间深入学习、思考，深刻领会当前时政方针，深入基层了解党员干部的思想作风状况，精心备课，想要讲话必先学好"，一位支部书记谈到交叉党课体会时说，"交叉讲党课其实是一种更加深入、更加主动的学习，讲中学、学中讲、讲学相长，较好地促进了支部书记水平提高。"（来源：党建网）

点评：交叉讲党课曾被纳入国资系统基层党建有关的典型案例选编。该做法注重创新，作用明显，通过交叉讲党课，解决了困扰基层党建的几个普遍性问题，促进了不同部门之间的业务交流，对于形成党建整体合力起到了潜移默化、润物无声的作用。同时，鉴于该企业规模庞大，业务板块多，交叉讲党课在一定程度上促进了不同主体的协同发力，增强了企业核心竞争力。此外，讲课采取随机抽签方式，事先根本不知道会到哪个支部讲，对各党组织和讲课人都形成了正向的积极的冲击。"为讲好党课，我必须在抓好生产经营的同时，挤出时间深入学习、思考，深刻领会当前大政方针，深入基层了解党员干部的思想作风状况，精心备课，想要讲话必先学好"，促进了支部书记专业水平的提高。

第五讲 如何提升主题党日活动的质量

💬 本篇主要观点:

主题党日的外延大于"三会一课"等组织生活。有人曾形象地说,主题党日是个"筐","三会一课"往里装。提升主题党日活动质量,关键是党员领导干部带头参加,做到工作再忙、事情再急、职务再高都不忘参加;强化活动仪式感,增加主题党日活动的一些礼仪形式,增强严肃性,发挥宣传教化作用;注重给予党员贴心服务,丰富党员参与活动的体验和情感反馈。

《中国共产党支部工作条例(试行)》第十六条规定,党支部每月相对固定 1 天开展主题党日,组织党员集中学习、过组织生活、进行民主议事和志愿服务等。主题党日开展前,党支部应当认真研究确定主题和内容;开展后,应当抓好议定事项的组织落实。

"主题党日"是党支部建设在革命、建设和改革历程中的总结和升华,是党的组织生活的重要工作法、创新品牌,继承和发展了我们党历史上"党日制度""党员活动日制度""党员主题实践活动"。1936 年 9 月中国工农红军《关于党支部工作的总结》明确:"每个星期日及星期三的党日用来上党课召开党的会议等。"1978

年《中国人民解放军政治工作条例》提出了党支部组织生活的"七项制度"，其中第二项便是"党日制度"，规定"每周用半天时间进行党的组织活动"。1999 年《中国共产党农村基层组织工作条例》，要求"严格党的组织生活。村党支部每月应当开展一次党员活动，包括学习党的文件、上党课、召开组织生活会等"，基层简称为"党员活动日"。2006 年中共中央办公厅印发的《关于做好党员联系和服务群众工作的意见》要求，"党员要积极参加党组织开展的以服务群众为主要内容的主题实践活动"，开始引入"主题"这一概念。2016 年 3 月，在开展的"两学一做"学习教育活动过程中，各地普遍开展"党员活动日"，提升了"党员活动日"在党支部组织生活中的地位。2017 年 3 月，中共中央办公厅印发《关于推进"两学一做"学习教育常态化制度化的意见》明确指出，推广党支部主题党日，组织党员在主题党日开展"三会一课"、交纳党费、参加服务群众等活动。

在实际工作当中，大家很容易将主题党日与组织生活搞混淆，弄不清主题党日和组织生活的关系。其实，我们从定义来看，主题党日的外延是大于"三会一课"等组织生活的。设立主题党日的目的主要是，"每月相对固定 1 天"开展党的各种组织生活，并给这些组织生活一个明确的主题。可以这样说，主题党日是个"筐"，"三会一课"往里装。在装进来的过程中，要从主题党日的方案设计入手。要科学合理设置方案，不能事到临头才匆匆忙忙随便准备一个。这种对付的做法，效果自然难以保证。开展"主题党日"活动，是规范基层党支部组织生活、从严教育管理党员的有效途径。凝聚党组织力量、彰显党员活力是开展支部主题党日活动的根本目的。主题党日制度充分汲取了党在革命、建设和改革历程中积累的诸多党支部建设的宝贵经验，是党的组织生活的重要创新。党的十八大特别是党的十九大以来，主题党日活动政治性越来越强，规范性越来越高，党员主体地位作用的发挥越来越好。

当前基层党建工作正在从基础性、基本性阶段向高质量的更高目标转型过渡，严肃党内组织生活包括主题党日制度是不断提高党的建设质量的关键环节，发挥着关键作用。新时代新形势下，提高主题党日活动的质量应注意以下三个方面。

党员领导干部带头参加。党员领导干部对党内组织生活起到关键作用，是决定组织生活面貌的"关键少数"。每个党员领导干部都要真正放下架子，把自觉参加主题党日当作一项硬性任务来完成，切实按照党纪条规管好自己。要以普通党员的身份，参加党支部或者党小组的主题党日活动，和党员群众一起汇报思想、工作和学习情况，开展批评和自我批评，自觉接受群众的监督。要做到工作再忙、事情再急、职务再高都不忘参加，防止和克服以抓工作代替自身建设、以忙忙碌碌代替党性修养提升、以参加党的工作学习和会议代替参加主题党日的不良现象。

强化主题党日活动仪式感。要有计划地增加主题党日活动的一些礼仪形式，增强严肃性，发挥宣传教化作用。比如，可以组织党员到革命纪念馆、革命旧址等重温入党誓词、过集体政治生日，到红色教育基地开展学习培训。活动中适当运用音乐、视频、灯光美术等元素，营造活动的庄重严肃氛围，强化效果。对规定过的主题党日内容、时间、流程不能随意变更，把党内组织生活的流程细化、规范起来。要充分发挥党员的主体地位作用，不论党员的职业、职务、年龄、入党时间等有何不同，在党的生活中都处于平等的地位，享有平等的权利，主题党日活动要让党员个人意愿、自由意志得到充分的表达。

注重给予党员贴心服务。开展主题党日活动，要注意方式方法，在合情合理范围之内为党员提供一些暖心服务，比如，以学习研讨为主的主题党日，可以对发言的党员进行办公文本用品、图书期刊奖励；对参加现场教育实践活动的党员，可以制作党员感言图片集，丰富党员参与活动的体验和情感反馈，激发党员热情，增强活动的吸引力感染力。

＜知识链接＞

关于主题党日的知识，你知道多少？

党员活动日简称党日，是指党组织和党员开展党的活动相对固定的时间，是便于党员过好党的组织生活、发挥党员先锋模范作用的一种组织形式。党日活动一般每月或者每两周开展一次，时间应相对固定，不能随意更改或者取消。

党日活动的内容

1. 传达贯彻中央和上级党组织的决议、报告、指示、决定和文件等，研究党支部建设的重要问题，结合实际，讨论贯彻执行的计划和措施并汇报重要工作，等等。

2. 组织党员学习政治理论，对党员进行党的基本路线和基本知识教育、党的方针政策教育、党性党风党纪教育，向群众进行党的路线方针政策和形势任务的宣传及教育等。

3. 开展组织生活，组织评议党员，听取党员的思想汇报，开展批评和自我批评，检查党员工作、学习及完成任务等情况。

4. 讨论发展党员工作计划，制定培养、教育、考察入党积极分子的措施，讨论预备党员转正，选举党支部委员和出席上级党的代表大会或党的代表会议的代表，进行党员鉴定，研究党纪处分及党员党籍问题。

5. 组织党员开展义务劳动、志愿服务、建言献策、知识竞赛等有益的社会活动。

党日活动的形式

1. 召开支部党员大会、党小组会、支部委员会和上党课。

2. 组织党员开展有益的社会实践活动。例如：开展党员义务劳动，加强党员与群众的联系，培养党员的无私奉献精神；开展党员服务日活动，使党员更多地了解社会，树立全心全意为人民服务的意识；开展党员献计日活动，使每个党员为党的工作积极思考，主动参与支部建设，等等。

3. 组织党员参观、学习，进行在线教育。

4. 举行专题报告会、座谈会等。

5. 参加上级党组织安排的具体活动。

党日活动的基本要求

1. 要做好保障措施。党日一定要用于党的活动，不能随意占用。党日活动内容要稳定。要建立健全必要的考勤制度，支部委员特别是党支部书记要以身作则，带头参加党日活动。

2. 要注重活动实效。党支部应根据上级党组织的要求，结合本地区、本单位的实际情况，对党日活动进行有针对性的安排，做好相关准备。要通过党日活动，提高党员综合素质，使党日活动的内容满足不同类型、不同层次党员的需要。

3.要不断创新活动方式。坚持集中与分散相结合，着眼于支部党员干部实际灵活安排。既可根据支部实际和党员思想状况讲党课，又可有针对性地开好民主生活会和组织生活会；既可走出去参观学习，也可请先进人物作报告；既可看教育电影，又可开展演讲、知识竞赛等活动，使党日活动内容丰富多彩，形式多样。（来源：中共中央党校出版社《党务知识一本通》）

【典型案例】

突出"三定三破"建立每月"固定党日"制度

四川省成都市以"两学一做"学习教育为契机，在全市基层党组织中探索建立每月"固定党日"制度，着力破解当前基层组织中普遍存在的组织生活落实不严、质量不高等问题，进一步规范基层组织运行，确保组织活动时间，切实将基层组织建设和党员教育管理抓在日常、严在经常。具体做到"三定三破"。

一是固定"活动时间"，破解党的组织活动"时间难保证""计划性不强"等问题。根据"三会一课"有关规定，党支部每月应组织一次集体活动。但在具体执行中，一些地方和单位存在"业务工作挤占组织活动时间""想起来就过一过、忙起来就拖一拖"甚至"搞形式、走过场""以突击代替经常""以填写簿册代替集体活动"等现象，对党内生活的安排缺乏刚性约束，随意性较大。针对这些问题，我们规定以党（总）支部为单位，每月确定一天为"固定党日"，组织所属党员开展党的组织活动，集中活动时间不少于2小时；要求基层党委统筹所属基层党组织的"固定党日"设置，尽量做到时间安排相对一致，便于统一营造党日氛围、组织集体活动、安排业务工作。以刚性的制度规定，为党的组织活动争取宝贵的时间资源，确保学有计划安排、行有制度依据、抓有具体载体。

二是划定"活动内容"，破解党的组织活动"学习内容宽泛""实践方式走样"等问题。有的基层党组织"重业务、轻党建"，混淆党的会议与行政会议，常常用业务知识学习代替党的知识学习；有的党内生活"庸俗化"，老好人思想严重，开展批评和自我批评就是讲客观，汇报思想就是唱高调；有的开展党内生活不严肃，随意搞变通，甚至在组织活动时间开展文娱活动等，导致一些地方和单位党的组织生活长期在较低水平徘徊。针对这些问题，我们规定每月"固定党日"的活动内容应结合"三会一课"、民主评议党员、定期集中学习等党的组织生活制度统筹安排，重点围绕组织集中学习讨论、开展志愿服务活动、开展健康思想交锋、落实专题教育安排等四个方面展开。在学习内容上，突出在党言党，重点加强对党章党规、系列讲话、经典文献、党的历史、先辈先进等的学习和对反面典型的反思，明确要求"不能以业务学习代替党的知识学习"。在实践方式上，突出亮明身份，重点是结合"走基层""双报到"等工作，常态化开展"美丽成都·党员示范行动""党员义工日""党建＋社工"等党员志愿服务活动，充分发挥党员先锋模范作用，展示党员良好形象，体现党员崇高价值。

在主题确定上，规定每年"七一"前的一次"固定党日"，要突出"纪念建党""在党信党、在党爱党"主题，广泛开展内容丰富、形式多样的纪念重温活动，通过必要的形式营造"仪式感"，不断增强党员同志对党的情感认同、思想认同和理论认同。

三是制定"配套制度"，破解严肃党内政治生活"推动一阵风""雨过地皮湿"等问题。在以往的工作中我们发现，有的地方和单位落实要求、推动工作，常常轰轰烈烈开场、悄无声息收场，虎头蛇尾、收效甚微；有的基层党组织在规范组织生活方面创造了一些很好的经验做法，但常常坚持在一时、停留在文字，没有很好地固化和落实下来；有的甚至在落实上级要求上"打折扣"，合意的就执行，不合意的就选择性遗忘，犹疑观望、软磨硬拖，变相拒绝执行。针对这些问题，我们明确划分了各级党组织的工作责任，要求将执行"固定党日"制度的情况作为党组织书记抓党建工作年度述职评议考核的重要内容，层层压紧压实地方党委组织领导责任、基层党委直接指导责任和党支部主体责任。要求各地各单位结合实际建立"党日活动预告制度"，提前将活动日期和议题通知应到会人员，使党员做好充分准备；建立"督查情况公示制度"，对现场查看、会场监督、影音资料查看等情况，以文件、专栏、简报等形式进行通报或公示；建立"考勤结果运用制度"，将参加"固定党日"活动情况作为年度民主评议党员的重要内容，切实推动"固定党日"制度常态化、规范化、长效化运行。

（来源：人民网－中国共产党新闻网）

点评：主题党日是抓好基层党建工作的强大利器，要正确认识主题党日，坚持每月固定一个时间，明确一个主题，将党建工作和组织生活集中完成，避免党建活动和其他活动在时间上的冲突，切实把主题党日这个制度坚持好、发展好、运用好。成都市通过突出"三定三破"，建立每月"固定党日"制度，有效解决了党组织活动不经常、不严肃等问题，在推动发展、教育管理党员等方面取得了切实的成效。

组织生活会的关键是什么

本篇主要观点：

组织生活会不仅是党性锻炼的重要载体，而且是基层党建的重要活动。要聚焦解决问题，严肃认真召开。同时，要正确认识民主生活会和组织生活会的区别和联系。

《中国共产党支部工作条例（试行）》第十七条规定，党支部每年至少召开 1 次组织生活会，一般安排在第四季度，也可以根据工作需要随时召开。组织生活会一般以党支部党员大会、党支部委员会会议或者党小组会形式召开。

组织生活会应当确定主题，会前认真学习，谈心谈话，听取意见；会上查摆问题，开展批评和自我批评，明确整改方向；会后制定整改措施，逐一整改落实。

支部委员会专题组织生活会主要环节

按照党内规定，一般于每年年底前，召开支委会专题组织生活会，严肃认真开展批评和自我批评。全体党员要对支委会的工作、作风等进行评议。主要有以下环节。

1.对照检查。支委会及其成员对照职能职责，进行党性分析，查摆在思想、作风、纪律等方面存在的问题。支委会要梳理形成简要对照检查材料，支部委员要形成书面发言提纲。

2.征求意见。通过个别访谈、集体座谈、电话联系等多种方式，广泛征求党员和群众的意见。支委会认真汇总梳理征求到的意见建议，召开会议一项一项讨论分析，找准找实存在的突出问题。对支部委员个人存在的问题，支委会应原汁原味地进行反馈。

3.谈心交心。支部书记与支部委员、与每名党员都要谈心，支部委员之间要相互谈心，党员彼此之间也要谈心，把问题谈开，把思想谈透。对存在问题又缺乏认识的党员要反复谈，帮助提高认识、正视问题；平时有分歧、有疙瘩的更要通过谈心，消除隔阂、增进了解。

4.开展批评。支委会要严肃认真地开展批评和自我批评，支部书记要树标杆，带头查摆自己的问题，带头对支部委员提出批评，并虚心接受他人提出的批评意见。开展批评和自我批评都要坚持用事实说话，点到具体人具体事，是什么问题就摆什么问题，真正达到既红脸出汗、触动思想又增进团结、促进工作的效果。

5.组织评议。设支委会的党支部，首先由支部书记通报支委会对照检查情况；不设支委会的党支部，支部书记先做对照检查发言。然后组织党员对支委会及其成员进行评议。

6.认真整改。本着有什么问题就解决什么问题、什么问题突出就重点解决什么问题的原则，用实际行动取得党员、群众的信任。

组织生活会是党支部或党小组以交流思想、总结经验教训、开展批评和自我批评为中心内容的组织生活制度。党支部要充分运用组织生活会这个载体，引导党员以严肃认真的态度，结合规定内容的学习开展好对照检查，正确对待自身存在的问题、正确对待群众提出的意见、正确对待谈心谈话提出的问题等，通过开展批评和自我批评，总结梳理整改的事项，做出整改承诺，以此达到教育管理党员、增强党组织凝聚力战斗力的目的。党支部每年至少召开1次组织生活会，一般安排在第四季度，也可以根据工作需要随时召开。组织生活会一般以党支部党员大会、党支部委员会会议或者党小组形式召开。

组织生活会不仅是党性锻炼的重要载体，而且是基层党建的重要活动。王国维在《人间词话》中提道：古今之成大事业、大学问者，必经过三种之境界："昨夜西风凋碧树。独上高楼，望尽天涯路。"此第一境界也。"衣带渐宽终不悔，为伊消得人憔悴。"此第二境界也。"众里寻他千百度，蓦然回首，那人却在，灯火阑珊处。"此第三境界也。对比如此，有位资深党建专家将此融会贯通，将基层党建工作，划分了三重境界，值得大家一看。在此，摘录分享给大家。

第一重境界是，加强学习、完成任务。能够按照规定，组织开展各项组织生活会，全面准确及时学习习近平新时代中国特色社会主义思想，完成上级党组织布置的各项任务，做到组织健全，基础工作扎实，基础资料齐全。工作做到这种程度，考核合格没有问题。

第二重境界是，学做结合、发挥作用。能够在按时开展各项组织生活会的过程中，做到理论武装与推动工作紧密结合，能够让组织生活"围绕中心、服务大局"，能够调动和发挥党员的先锋模范作用，在攻克热点、难点、瓶颈问题上发挥作用，能够发挥基层党组织战斗堡垒作用，切实提升组织活力。工作做到这种程度，考核基本可以给个良好。

第三重境界是，锤炼党性，提高觉悟。能够通过学习先进、谈心谈话、批评与自我批评等触及灵魂的组织生活会，不断锤炼和提高党员的党性意识，锤炼一支忠诚、干净、担当的党员队伍，让"我是党员我先上"成为常态，将"听党话、跟党走"落实到最需要的地方、发挥作用的具体行动中。工作做到这种程度，考核才能给个优秀。

严肃而认真的组织生活会，是增强广大党员党性意识、锤炼党性修养的重要途径，是达到基层党建第三重境界的主要途径。组织生活会有一套严密完整的流程，即会前认真学习，谈心谈话，听取意见；会上查摆问题，开展批评和自我批评，明确整改方向；会后制定整改措施，逐一整改落实。目的是通过对照检查和交流思想，开展积极健康的思想斗争，荡涤思想和行为的污垢，达到党性意识和党员意识提升的目的。批评与自我批评是组织生活会的核心，谈心谈话是组织生活会质量的保障。关于如何做好批评和自我批评，上一讲已专门提到，在此不再赘述了。后面将单独对谈心谈话进行讲解。

在实际工作中，很多人把组织生活会视同民主生活会，这是不对的。必须要认真区分组织生活会和民主生活会的区别。

第一，参加人员。参加民主生活会的是党员领导干部，参加党支部组织生活会的是党支部全体党员。

第二，作用不同。民主生活会作用主要是在领导班子内部分清是非，增进团结，克服缺点，改进工作，促进领导班子思想作风建设；组织生活会主要作用是统一支部全体党员的思想，增强党性和组织观念，加强支部的自身建设，充分发挥支部的战斗堡垒作用。

第三，两者之间的联系。从形式来看，组织生活会和民主生活会都属于党的组织生活，都是党的组织生活的表现形式。从主体来看，党员领导干部，作为普通党员，既要参加组织生活会，也要参加民主生活会。二者的主体具有共同的部分。从内容来看，二者解决的问题具有相通性。党员在组织生活会上的问题，往往也会反映到民主生活会上来。从方法来看，二者都要使用批评和自我批评的方法，方法具有相通性。

＜知识链接＞

召开组织生活会的注意事项

一、组织生活会的基本要求是什么？

党支部每年至少召开1次组织生活会，一般安排在第四季度，也可以根据工作需要随时召开。组织生活会一般以支部委员会、党员大会或者党小组会形式召开。组织生活会应当确定主题，会前认真学习，谈心谈话，听取意见；会上查摆问题，开展批评和自我批评，明确整改方向；会后制定整改措施，逐一整改落实。

二、组织生活会如何做好会前准备工作？

1. 按照要求开展学习。学习上级党组织规定的内容，通过党员自学、集中学习、相互交流等方式，打牢开好组织生活会和民主评议党员的思想基础。

2. 开展谈心谈话。党支部委员之间、党支部委员与党员之间普遍进行谈心谈话，诚恳听取党员对支部工作和班子成员的意见建议，了解党员工作生活情况、思想状况和心理状态，肯定成绩、指出不足，沟通思想、交换意见。

3. 征求意见建议。向相关部门、领域、服务对象征求意见建议。

4. 撰写对照检查材料。支委班子认真准备对照检查材料，查摆存在的问题，剖析存在的原因，提出改进的措施，及时将对照检查材料上报上级党组织审查。

三、组织生活会的具体程序是什么？

1. 支部班子对照检查。党员人数不足 7 人的，以党支部党员大会方式召开组织生活会，书记代表班子向党员大会对照检查。党员人数超过 7 人的，可以以支部委员会、党员大会、党小组会的方式召开组织生活会。书记代表班子对照检查，其他参会人员依次对班子进行评议。对党支部委员会的评议结果，作为基层党委考核党支部的参考依据。

2. 开展批评和自我批评。书记、支委和其他党员在会上结合思想、工作、学习等实际，认真查摆差距和不足，并采取个人自评、党员互评的方式开展批评和自我批评。批评和自我批评要联系具体人、具体事，直接点问题、摆表现，不说空话套话，不搞一团和气。参加双重组织生活的党员领导干部要参加所在党支部的组织生活会。

3. 开展民主评议党员。民主评议党员通常同组织生活会一并进行。

4. 抓好整改落实。党支部委员会制定整改措施，党员作出整改承诺，并做好整改措施的具体落实。党支部书记是党支部委员会整改第一责任人，向上级党组织和党员大会述职时，应报告整改措施落实情况。组织生活会后，要向上级党组织汇报会议情况。

【典型案例】

一场"辣"味"实"心的组织生活会

从"怕讲"到"敢讲"，从"讲虚"到"讲实"，近日，浙江台州市仙居县委组织部在白塔镇上叶村举行了一场全县 2022 年度基层党组织组织生活会现场观摩部署会。这已是仙居县委组织部在制定出台《基层党组织组织生活会操作规范八条》的基础上，连续两年召开基层党组织组织生活会现场观摩部署会。

何为组织生活会？它是党内政治生活的重要内容，是发扬党内民主、加强党内监督、依靠领导班子自身力量解决矛盾和问题的重要方式。这会，强调一个字："辣"。通常开着开着，在座的就有人心跳加速、红脸出汗、坐立不安。因此，它不仅是普通的工作会议，更是一次党内深度体检。

创新形式　丰富内容

这个会要"辣"才够味

"你经常外出，跟老党员的沟通交流太少，还不太了解他们的想法""你的工作积极性不够，常有惰性，理论学习不到位""你常以工作忙为借口，村里工作参与不够，要多听取群众意见"……组织生活会上，在党员批评和自我批评这一环节，上叶村的各位党员开诚布公、直奔主题、实事求是，自我揭短亮丑不遮掩，尖锐深刻不绕弯。

"村里的民宿东一处西一间，没有统一规划，档次提不上去，品牌打不出去，村党支部书记带领村民致富思路还不够多……"党员对上叶村党支部书记叶芳军的批评也是有一说一不留情面。自评与互评充满"辣味"，既做到"红脸出汗、排毒治病"，又推动了思想碰撞、互促进步。在场的不仅有各乡镇、街道组织委员，全县多个机关单位的党员干部也在现场进行旁听观摩。

观摩会后，各乡镇、街道主要负责人员感慨道，通过现场情境的体验，不仅快速掌握了有关业务知识，更找到了工作中存在的差距。

"虽然自己以前也参加过组织生活会，但是对如何规范指导基层党组织开好组织生活会还没有底。"参加旁听观摩的90后仙居县安岭乡组织委员潘俞伶表示，通过"面对面""零距离"旁听组织生活会，对如何开好组织生活会有了更加深刻的感受，也感受到会前准备和组织观摩的重要性。

据了解，自2022年起，仙居县聚焦基层党组织组织生活不规范、不标准、不严格等问题，以组织生活会为切入点，探索建立连线送学、观摩点评、跟踪督导等三大机制，选典型树标准、以重点带全面，进一步规范党内组织生活，强化党员教育管理，提升支部战斗力、凝聚力、向心力。如此"辣味十足"的组织生活会，已成为仙居助推工作的一项重要抓手。

把握关键　化繁为简

让组织生活会流程更规范

"感谢组织对我们流动党员的关怀，我常年在仙居务工，有时也感觉缺乏归属感和认同感，这次村里书记上门走访，十分惊喜！"流入党员罗某在村邻近的比亚迪电池项目工地工作，这次，仙居县下各镇张店村党总支书记张天龙向他发出了组织生活会的邀请。

"通过这次组织生活会，我能与村里的党员熟络起来，今后也能成为村里的一员。"罗某说。

据了解，2023年仙居县要求各领域基层党组织制作组织生活会"月历图"，从筹备到召开细化到周、具化到点，严格做好扎实细致的会前计划，围绕会议时间、地点、形式等八方面，针对"理论学习""谈心谈话""征求意见""梳理检视问题"等各个环节进行规范量化，对开展不规范、不到位以及形式单一、"辣味"不足等问题，进行面对面观察、点对点解惑，及时进行提醒反馈，确保组织生活会规范有序进行，促进组织生活提质增效。

同时，该县抓住流动党员这个关键点，由村内优秀党员建立"一对一"挂钩联系制度，帮助流出党员参加流入地党组织组织生活会，主动邀请流入党员参与，做到全覆盖、无遗漏。

"今年，我们提前一个月开始与每个流动党员进行联系沟通，并在会后将批评意见形成问题清单反馈给流出地党组织，确保每名党员问题彻底得到整改。"张天龙说。

分类设组　干劲更足

让组织生活会成为共富源动力

开好一次高质量的组织生活会，就是要添些"辣味"，敢于较真碰硬。只有切实将问题找准找实，不流于表面，这样组织生活会的"辣"味才能辣到心里。而民主生活会的效果好不好，最终还要看整改落实成效如何。

针对党员数量多、年度工作任务重的党组织，2023年，仙居县首次尝试以干事清单科学划分党小组，结合本小组年度干事项目开展批评与自我批评，让党员在"辣问"和"自省"中进一步明确"我为组织做了什么""组织要我做什么"，在提升组织生活会效率的同时，进一步增强党组织的创造力、凝聚力和战斗力。

仙居县横溪镇上沈村2023年共有干事清单11项，在筹备组织生活会分党小组讨论名单时，上沈村党总支书记沈明广便以"村共富物业大楼建设""流动摊位夜市打造""智能村居建设"等几项主要干事项目为依据，将涉及的党员划分为3组，结合日常生活，重点针对"干事创业中存在什么问题、怎么整改"开展批评与自我批评，为新一年项目推进打下了良好基础。

"通过召开组织生活会观摩现场会，对全县各级乡镇街道组织委员、基层党组织书记、党务干部等进行现场教学，规范开展好组织生活，让各党员干部了解自己的不足，明确工作、发展方向，将进一步促进党员干部积极开展工作，推进共同富裕。"仙居县委组织部相关负责人表示，规范组织生活会只是推进工作的一项抓手，接下来他们将进一步完善各类机制，确保新一年的工作明目标、有成效。（来源：人民网）

点评：仙居县以组织生活会为切入点，通过观摩点评、服务流动党员等方式，进一步规范党内组织生活，实现党员教育管理进一步强化，通过"辣问""自省"，让党员干部了解自己的不足，明确工作方向、发展方向，进一步促进党员干部积极开展工作、推动问题解决。严肃而认真的组织生活会，是增强广大党员党性意识、锤炼党性修养的重要途径，是达到基层党建第三重境界的主要途径，必须要抓紧抓好抓出成效，把本身具有重要意义的会议开出意思来。

如何强化民主评议党员的结果运用

💬 **本篇主要观点：**

民主评议党员制度，是党支部定期组织党员开展民主评议的一种制度。当前要着重解决好两个问题，一是民主评议党员的评价指标要量化具体，关键是加强日常跟实效；二是要强化民主评议党员的结果运用，可以将党员民主评议结果运用到绩效考核当中等。尤其是在党建与干部部门分设的企事业单位，要注重协同性。

《关于新形势下党内政治生活的若干准则》规定，坚持对党员进行民主评议。督促党员对照党章规定的党员标准、对照入党誓词、联系个人实际进行党性分析，强化党员意识、增强党的观念、提高党性修养。对党性不强的党员，及时进行批评教育，限期改正；经教育仍无转变的，应劝其退党或除名。

《中国共产党支部工作条例（试行）》第十八条规定，党支部一般每年开展 1 次民主评议党员，组织党员对照合格党员标准、对照入党誓词，联系个人实际进行党性分析。

党支部开展民主评议党员工作主要程序

1. 个人自评。党员个人对照党章规定的党员标准和要求、对照党支部征求到的意见建议，从理想信念、政治立场、宗旨观念、工作态度、廉洁自律、遵纪守法、发挥作用等方面进行自我评价。自我评价可以讲优点和成绩，但重点要讲差距和不足，并分析原因。

2. 党员互评。党员进行自评后，其他党员客观地对其进行评价，指出问题及不足并提出有针对性的建议。自评和互评，可以采取一名党员先做自我批评，其他党员对其进行批评，与会党员依次进行的方式；也可采取与会的所有党员先做自我批评，而后集中开展相互批评的方式进行。

3. 民主测评。与会党员对照党章规定的党员标准和要求，按照"优秀、合格、基本合格、不合格"4个档次或"优秀、合格、不合格"3个档次，对本支部所有党员现实表现做出评定。

4. 组织评定。民主测评结束后，支委会要将各方面对每个党员的评价和反映，进行实事求是的分析，形成组织意见，及时召开支部党员大会，对照优秀、合格和不合格党员的标准，对每位党员形成优秀、合格和不合格的评议结论，并报上级党组织审定。

5. 表彰和处置。经评议认定为优秀的党员，可由党组织给予表彰或授予优秀共产党员称号；对评议认定为不合格党员并经上级党组织审批确认的，要采取限期改正、劝其退党、党内除名等措施进行严肃处置，是预备党员的要延长预备期或取消其预备党员资格。党员人数较多的支部，党员自评和党员互评可按党小组进行。

民主评议党员制度是党支部的一项基本制度，是党支部按照有关规定，定期组织党员开展民主评议党员的一种制度。民主评议党员是指按照党章规定的党员条件对全体党员进行做新时代合格党员的教育，通过自我批评、民主评议和组织考核，检查和评价每个党员在坚持党的基本路线的实践中，发挥先锋模范作用的情况，并通过组织措施，达到激励党员、纯洁组织、整顿队伍的目的。民主评议党员每年开展一次，一般安排在年底进行。

民主评议党员制度，由来已久。1988 年 12 月 15 日，中共中央批转《中央组织部关于建立民主评议党员制度的意见》（以下简称《意见》），被认为是"民主评议党员制度"建立的开始。2014 年 6 月、2016 年 12 月，党的群众路线教育实践活动、"两学一做"学习教育期间，中央两次对基层党组织召开专题组织生活会和开展民主评议党员提出具体要求。2016 年 10 月，党的十八届六中全会通过的《关于新形势下党内政治生活的若干准则》（以下简称《准则》），在总结农村、机关、高校、国企、事业单位、社会组织等领域民主评议党员已有制度和实践经验基础上，对"民主评议党员制度"作出更进一步的规定。2017 年至今，中央组织部连续发出通知，对基层党组织组织生活会和开展民主评议党员几个问题提出要求。值得注意的是，在 2022 年、2023 年相继对受党纪政务处分党员民主评议等次，作出了明确规定。2018 年 10 月，中央印发《中国共产党支部工作条例（试行）》对民主评议党员制度进一步细化和具体化。其是民主评议党员制度的正式党内法规依据。

当前，在民主评议党员工作当中，存在两大难题。

一是民主评议党员的评价指标不够具体，无法将党员义务转化为结合实际的具体工作和要求，无法通过量化的管理数据和翔实的行为记录，让党员清楚地知道自己好在哪里、差在哪里、落后在哪里，评出来的结果不能让人口服心服，达不到锻炼党性的目的。其实，只要我们认真思考，一些测评指标是可以看得见摸得着的。真正的党性并不表现在平时滔滔不绝的政治表态，而是日常工作中，能否发挥模范带头作用，关键时刻能否敢于挺膺担当，保质保量完成党组织交办的任务。党员合格不合格，是不是每天开工最早的那一个，是不是当日事当日毕的那一个，是不是文经我手无差错、事交我办请放心的那一个，是不是稳定输出优异成绩的那一个。党员民主测评，就要结合单位实际和岗位实际，将这些表现用具体细化的指标和标准体现出来。比如说，可以围绕是否积极参加党支部生活，是否对标承诺、进行课题攻关，是否提升技能、热心社会公益，是否言行表里不一、牢骚满腹等设置项目分值。

二是民主评议结果运用不够充分。绩效考核有一个重要原则，考核不兑现，不如不考核。党员民主评议也是如此，要充分运用好评议结果，达到奖优惩劣的目的。中央提出对民主评议党员的结果作为评先评优的重要参考。对评为"优秀"的党员要予以褒奖；对评为"合格"的党员，要肯定优点，提出希望和要求；对评为"基本合格"的党员，要指出差距，帮助改进不足；对评为"不合格"的党员，要立足教育转化，按照规定办法和程序作出组织处置。除以上要求之外，还可以将党员民主评议结果运用到绩效考核当中，比如，对获得"优秀"等级的党员，绩效奖金上浮。对"基本合格""不合格"的党员，可以给予一定比例的绩效奖金下调，让业绩优、评议好的党员多受益。还有的单位将党员民主评议与选拔使用干部相结合，评议为"优秀"的候选者将获得更多基础分数。

<知识链接>

民主评议党员注意事项

党支部一般每年开展 1 次民主评议党员，组织党员对照合格党员标准、对照入党誓词，联系个人实际进行党性分析。党支部召开党员大会，按照个人自评、党员互评、民主测评的程序，组织党员进行评议。党员人数较多的党支部，个人自评和党员互评可以在党小组范围内进行。民主评议党员可以结合组织生活会一并进行。

支部委员会或者党员大会根据民主测评情况，综合党员日常表现，实事求是地对每名党员提出评定意见。评定结论分为"优秀、合格、基本合格和不合格"四类。评定为"优秀"的党员比例一般不超过党员总数的三分之一。民主评议的结果要报上级党委批准。经上级党委批准的评定结果向本人反馈，对评定为"优秀"的党员予以表扬褒奖，上级党组织开展党内表彰一般应从中遴选；对评定为"不合格"的党员，要按规定程序作出相应组织处置。

民主评议党员应注意做到以下几点：

坚持实事求是。对党员进行做合格党员的教育，坚持理论联系实际，注重解决党员的思想问题和实际问题。每名党员都要对照党员标准，实事求是做出自我评价。组织要从党员队伍实际情况出发，严格按照党章规定的党员标准和党员在日常工作生活中的表现，对党员进行实事求是的评议。处置不合格党员，坚持不定比例、不下指标，不搞末位淘汰。做到事实清楚、理由充分，处置恰当、手续完备，确保处置结果经得起历史检验。

坚持民主公开。尊重党员的民主权利，让党员充分发表意见，防止和克服个人说了算、少数人说了算的现象。进行民主评议，一般应召开党小组会或支部党员大会，可采取邀请群众代表参加民主测评等方式，认真听取群众意见，自觉接受群众监督。对党内外评议的意见，由支部委员会进行实事求是的分析、综合，形成组织意见转告本人，并根据需要向支部党员大会报告。

坚持教育、管理、监督融为一体。把坚持党员标准、做合格党员的教育贯穿民主评议党员始终。把处置不合格党员与加强党员经常性教育、改进党员日常管理和服务有机结合起来。对长期不发挥作用甚至起负面作用的党员，要逐一研究并落实教育帮助的具体措施，促其改正。经教育仍无法转变的，按照党章和党内有关规定作出组织处理。对被劝退和除名的，基层党组织要认真做好思想工作。

【典型案例】

建立党员党性定期分析、民主评议制度的探索与实践
（节选）

一、主要做法与成效

（一）主要做法

一是加强组织领导，科学有序开展。宁夏永宁县委专门研究制定了《关于开展党员党性定期分析的实施办法》，从指导思想、主

要内容、方法步骤和组织领导等方面进行明确。在组织领导上，由县委组织部统一安排部署，各基层党组织负责具体实施，以党支部为单位开展工作。在时间安排上，每年集中开展一次，原则上与当年6月的"党建月"活动、年度工作总结或民主评议党员工作结合开展。在方法步骤上，一般分为学习动员、分析评议、整改提高三个阶段，包括集中学习教育、广泛征求意见、撰写党性分析材料、开展党性分析、进行党性评议、制定整改措施、进行情况通报等七个步骤。为做好这项工作，县委和各基层党（工）委成立领导和办事机构，每个单位都根据自身实际制定《实施方案》，确定党性评议标准，规范分析评议程序，认真落实整改措施，进一步规范了党内生活，提升了党性分析和民主评议工作的科学化、制度化水平。

二是立足行业实际，实施分类指导。按照分类别、多层次，统筹兼顾的原则，根据不同行业、不同群体的党员特点，坚持分类指导，确定不同的剖析重点。对机关事业单位党员，以服务经济社会发展、加强职业道德操守和联系服务群众重点；对学校党员，以树立良好师德、强化服务意识、提高教学质量为重点；对社区党员，着重在建设社区、服务社区和弘扬良好社会风气等方面进行评议；对农村党员，主要以带头致富、带领群众致富和关心公益事业等方面为重点；对非公有制企业中的从业党员，侧重于爱岗敬业、维护职工合法权益等方面；对流动党员，突出评议党员的组织纪律观念、遵纪守法和创业致富情况。通过分类指导，不搞"一刀切"，丰富了党性分析工作的内涵，增强了党性分析、民主评议的针对性、有效性，整体提升了基层党建工作水平。

三是围绕中心工作，发挥促进作用。各级党组织在党员党性定期分析、民主评议中，以党性分析为契机推进工作，以工作成效检验党性分析效果，实现了党性分析与党建、业务工作相互促进。在机关、农村、社区、学校、非公经济组织和社会组织中积极开展"三有一好""评星定格""党员好管家""校园先锋"等活动，促进党组织创先进、党员争优秀。如新华小学在创先争优活动中，制定了"八个争优"的评选细则和考核办法，对党员评星定格，在学生中开展了争做"八星少年"活动，实现了党群共建。在农村，制定了《永宁县村干部待遇与评星定级联动考核办法（试行）》，推行村级党组织星级化管理，建立村队干部"评星定级"权责对等考核机制，进一步激发了基层干部干事创业的热情，等等。

四是注重结果运用，增强评议实效。在评议结束后，将党员党性分析结果作为党员评先评优的主要依据，作为公务员年度考核、干部推荐使用的重要参考内容。根据党性分析评议中查摆出来的突出问题，党组织负责人对不合格党员进行诫勉谈话，指导他们认真制定切合实际的整改措施，督促其整改，并做好监督，对屡教不改的不合格党员进行严肃处理。经过党员党性分析、民主评议，2012年，永宁县对不合格党员全部进行了教育和处置，对部分软弱基层党组织进行了整顿调整。

（二）取得的初步成效

一是党员素质普遍得到提高。通过党性分析、民主评议活动，在其他党员、群众和党组织的帮助下，党员比较客观地查找出了自身存在的问题和不足，思想受到触动，素质普遍得到了提高，积极进取的多了，发挥先锋模范作用的多了，赢得群众满意的多了。调查问卷显示，21%的党员认为通过开展党性分析活动，自己已符合优秀的标准，52% 的党员认为自己是称职的，27% 的党员认为自己是合格的。

二是党组织建设得到进一步加强。通过党员党性分析、民主评议，党员普遍受到了深刻的党性教育，进一步增强了党员的身份意识，加强了党员与党员、党员与群众之间的沟通了解，使党员和群众关系更加紧密，力量更加凝聚，特别是对分析评议中发现的软弱涣散基层党组织进行了整顿，进一步增强了党组织的凝聚力、战斗力和向心力。

三是各项工作得到有力促进。在开展党员党性定期分析、民主评议中，各级党组织始终将党性分析、民主评议与开展工作紧密结合，把解决党组织和党员中存在的主要问题与解决科学发展过程中出现的问题、解决涉及群众切身利益的突出问题结合起来，坚持边学边改、边整边改，有力推动了各项工作。通过开展党员党性分析评议活动，党员对群众的服务意识更强了，党组织为群众办好事、解难事的主动性增强了，党群关系、干群关系比以前大大改善了。

二、存在的问题

在实际工作中我们也发现，一些单位的党组织在开展民主评议党员工作时，还存在着思想认识不到位、组织作用发挥不明显、过程执行不严密等不良倾向，使民主评议党员工作流于形式、浮于表面，具体表现在以下几个方面。

一是有的基层党组织对民主评议工作重视不够。有的基层党组织对民主评议党员工作存在着认识偏差，认为民主评议党员无非就是"画个圈，打个钩"，没必要较真；有的不讲评议工作的基本程序和要求，原本需要广泛听取党内外意见、认真开展批评与自我批评，却只是简单地发个言，讲两句话，填一下测评表就算走完了程序，致使评议工作的质量大打折扣，降低了评议工作的严肃性。

二是有的党员民主评议质量还不够高。一些党员不能正确看待批评与自我批评，在分析自己时，说成绩长篇大论，讲问题遮遮掩掩，将原本找差距、查原因的党性剖析材料写成了评功摆好、自我表扬的"表扬稿"。在评议其他同志时，不谈缺点讲优点，不说问题摆成绩，尤其是在评议干部党员时，更是有意奉承、一味讨好，把民主评议当成了拉关系、讲人情的会议。还有的党员在评议中看情况、随大流、观风向。此次调研问卷统计中，13.9%的党员就持此种态度。

三是有的党组织在整改落实中存在偏差。对于被评价为不合格党员的处理，一些基层党组织片面强调团结，认为处理不合格党员会得罪人，影响团结，于是该处分的不处分，该清除的不清除。另外，对不合格党员的认定标准比较原则，定性多、定量少，操作性不强，没有达到民主评议的最终目的。这种评议不仅伤害了党员之间的感情，也破坏了组织生活制度的权威性。

三、进一步做好民主评议党员工作的思路

根据新时期全面提高党的建设科学化水平的要求，结合近年来民主评议党员工作的实践，民主评议党员工作亟须在教育、制度设计上进一步开拓创新，增强工作的自觉性、规范性、实效性。

一是在教育引导上下功夫，提高搞好党性分析、民主评议的自觉性。要把党性分析、民主评议抓实抓到位，首先要使党员消除顾虑、端正态度，增强正确对待问题和不足的信心和勇气。一要统一思想，提高认识。要组织党员认真学习《党章》和基层党组织建设

的相关规定，利用党课、各类集中活动等时机，自上而下，层层进行思想动员，逐步认清党性分析、民主评议党员工作的重要性。对党员思想中存在的模糊认识，要给予有针对性的说服和解释，使党性分析、民主评议成为"比学赶超"的过程，不断激发搞好党性分析、民主评议的政治热情。二要加强典型示范，营造良好氛围。要利用好板报、橱窗、标语、网站等载体，广泛宣传评议活动的目的意义、程序内容、标准要求等，要通过简报、信息网络等形式，及时宣传好的做法和先进典型，使广大党员认识到敢于触及问题、勇于解剖自我的重要性，以强烈的责任心和进取意识投入其中，从而推动民主评议活动深入开展。

二是在完善工作机制上下功夫，确保开展党性分析、民主评议的规范性。要认真学习党性分析、民主评议有关政策和上级相关要求，并在调查研究的基础上，结合本单位实际，制订科学合理的评议计划，提出具体的评议方案，完善组织领导，健全各项制度，责任区分到人，确保党性分析、民主评议的质量。一要规范评议标准，实现量化评议。在评议工作中，要逐步采用定性和定量相结合的办法。在党员评、群众评后，支部进行综合评议，对每名党员作出书面鉴定，归纳出主要优点和不足。在此基础上进行定量评价，通过进行合理的制度设计，确定党员、群众的投票或者打分权重，逐步实现量化评议，以便进行规范化和标准化操作。二要创新评议方式，确保结果客观公正。有条件的部门、单位，可尝试开展民主评议网上测评。可依托党政、组工等网络平台，对党员进行公开测评。评议时，纪检、监察部门可以手机短信方式通知评议人员参加评议，并告知评议人员评议网址、评议密码和评议时间等有关事项。评议人员接到短信后，要严格按照要求登录相关网站进行评议，这样既节约了资源，又有效克服了发放问卷测评的弊端，保障了考核结果的公正性。

三是在抓好重点环节上下功夫，切实增强党性分析、民主评议的实效性。党性分析、民主评议，重在揭摆问题、查找不足。在组织实施过程中，要在自查互纠、批评与自我批评、运用组织力量等重点环节上下功夫，切实把党组织和党员个人存在的问题找准查实。一要找准自身问题。要组织广大党员对照《党章》、党纪条规和上级有关文件提出的党员先进性、纯洁性标准，认真回顾总结个人的思想、学习、工作等方面情况，通过召开恳谈会、发放意见表、设立意见箱、问卷调查等形式，发动群众帮助党员找差距、摆问题，重点检查平时自己不在乎、群众不知道、领导不掌握的问题，使党员认清自我、找准位置。二要搞好党性剖析。对查找出来的问题要进行认真梳理，把分散的问题集中，对不同的问题进行分类，对一般的问题进行过滤，把突出问题找准找实。要将撰写党性分析材料作为深化认识、反思自我的主要途径，引导广大党员从思想深处找原因、查责任。要严把党性分析材料质量关，按照群众评议意见和支部修改意见，按照"像不像、准不准、实不实、深不深"的要求，对分析材料再次进行修订，达到个人、群众、组织"三满意"，确保活动不走过场。（来源：中国共产党新闻网）

点评：民主评议党员制度是一项重要的党员队伍管理制度，又是一项重要的组织生活制度。基层党组织要坚持每年对党员进行民主评议，督促党员对照党章规定的党员标准、对照入党誓词、联系个人实际进行党性分析，使党性分析过程成为党员强化党员意识、增强党的观念、提高党性修养的过程。宁夏永宁县通过建立党员党性定期分析、民主评议制度，进一步坚定了党员的理想信念，增强了党员意识，提高了党员整体素质，在加强党员教育、管理和监督工作中取得了一定的成效。天下难事必作于易，天下大事必作于细。只要我们把这些看似平常小事做到极致，就能以一个支点撬动整个党建。

什么是谈心谈话

💬 **本篇主要观点:**

　　谈心谈话是丰富完善党的组织生活、增强党内政治生活针对性、有效性的有效抓手,是严把党员发展入口关、质量关的重要一环,是做好思想政治工作的根本。要想谈心谈话取得实效,必须做到"阵而后战,兵法之常;运用之妙,存乎一心"。

　　《关于新形势下党内政治生活的若干准则》明确提出:坚持谈心谈话制度。党组织领导班子成员之间、班子成员和党员之间、党员和党员之间要开展经常性的谈心谈话,坦诚相见,交流思想,交换意见。领导干部要带头谈,也要接受党员、干部约谈。

　　《中国共产党支部工作条例(试行)》规定:党支部应当经常开展谈心谈话。党支部委员之间、党支部委员和党员之间、党员和党员之间,每年谈心谈话一般不少于1次。谈心谈话应当坦诚相见、交流思想、交换意见、帮助提高。

　　谈心谈话是指同志之间相互交流思想、交换意见的一种形式,是党的组织生活不可缺少的一种手段,有利于沟通思想、化解矛盾、增进团结、推动工作。可以从三个方面来理解谈心谈话。

一是谈心谈话是丰富完善党的组织生活、增强党内政治生活针对性、有效性的有效抓手。民主生活会前的谈心谈话，目的是查找班子和班子成员个人存在的主要问题，为撰写部门和班子成员个人发言提纲做准备，为制定整改措施提供依据。党组织书记在民主生活会谈心谈话中，必须掌握年度民主生活会的背景和主题内涵，必须掌握本单位部门在党建、经营管理中存在的问题。做到：在执行和落实中央、上级党组织决策部署、决议等一些重要问题上还存在哪些问题，有哪些改进意见和措施必谈；班子与班子成员在对照检查方面存在的问题必谈；上一年度民主生活会和专题民主生活会整改措施的落实情况必谈。组织生活会会前的谈心谈话目的是，引导支部党员认清个人存在的主要问题；互相查找党员自身存在的问题，帮助制定整改措施；在落实上级部署和推进本单位工作时，统一思想，激励党员作用发挥。党支部书记开展谈心谈话时，应明确一个目的，即组织生活会的核心目的是增强党员的党性和组织观念，以检查党员个人存在的问题为主要内容。通过批评和自我批评，统一党员的思想，提高党员素质，促进党员更好地发挥先锋模范作用。要做到"一个带头"，即党支部书记应在谈心谈话的基础上，会上带头发言，通过批评与自我批评的形式，查找自身不足，点出共性问题，引导差异，共同进步。支部书记与支委之间谈话，应围绕会议主题，分析党支部党员的现实表现和思想状况，总结共性问题和个人党员中存在的突出问题；相互提出批评意见，帮助查找问题；沟通思想，对会上所提批评意见达成一致。党支部书记和党员之间谈话，应帮助党员分析、查找自身存在的问题、原因和制定整改措施；结合落实上级部署推进本单位重点工作，引导党员联系实际，明确方向，凝聚共识；征询党员对自己存在的问题和改进工作的意见、建议。在民主评议党员制度中，党员之间、党员与群众之间要开展谈心谈话。党员之间，要围绕政治、纪律、品德和发挥模范作用等方面，互相查找自身存在的问题，并提出批评意见；党员与群众之间，要结合考核内容，征询自身在思想、工作、服务群众、党员作用发挥等方面存在的问题，以及改进工作的意见和建议。

二是谈心谈话是严把党员发展入口关、质量关的重要一环。入党申请人在递交入党申请书一个月内，党支部必须与其谈话。谈话人应是党支部书记、副书记或组织委员。谈话内容主要是了解入党申请人基本情况；对党的认识；入党动机；个人存在的不足和今后努力的方向；介绍入党条件和程序；等等。在确定入党积极分子前，党支部书记、副书记或组织委员面向党内外人员进行集体或单独谈话，征询意见；积极分子培养期间，由支部书记、组织委员或培养人，经常性开展谈话，肯定成绩，指出不足，帮助提高。预备党员在一年预备期内，由支部书记、副书记、组织委员或党小组长，面向预备党员经常性开展谈话，肯定成绩，指出不足，帮助提高；定期面向党员和群众就预备党员的现实表现开展集体或单独谈话；预备党员递交转正申请后开展专门谈话。

三是谈心谈话是做好思想政治工作的根本。我们党从成立开始，就注重探索运用谈心谈话形式开展党的思想政治工作和群众工作，在革命、建设和改革发展的各个历史时期，逐渐积累和形成了一套好经验好做法，为加强党的领导，保持和发扬党的政治优势发挥了不可替代的作用。党的十八大以来，按照党中央加强党的建设、坚持全面从严治党的要求，各级党组织在党的群众路线教育实践活动、"三严三实"专题教育和"两学一做"学习教育、"不忘初心、牢记使命"主题教育、党史学习教育中，组织引导党员广泛开展谈心谈话活动，取得了显著成效。习近平总书记指出："对干部经常开展同志式的谈心谈话，既指出缺点不足，又给予鞭策鼓励，这是个好传统，要注意保持和发扬。"谈心谈话日常谈心交流外，要着重特殊情况，做到党员家庭发生重大变故和出现重大困难、身心健康存在突出问题时必谈；党员工作出现变动和调整时必谈；党员受到奖励和惩罚特别是受到处分处置以及有不良反映时必谈；班子成员之间、党员之间关系紧张、闹不团结时必谈。在谈心谈话的过程中要注意方式方法问题。要学会提前备课、把握时机、选好场合、讲究方式、运用情感。正如《宋史·岳飞传》点出的那样："阵而后战，兵法之常；运用之妙，存乎一心。"

＜知识链接＞

如何坚持谈心谈话制度

谈心谈话制度是党的组织生活重要形式。《关于新形势下党内政治生活的若干准则》明确提出，"党组织领导班子成员之间、班子成员和党员之间、党员和党员之间要开展经常性的谈心谈话"。这是总结党的十八大以来，党内集中性教育和经常性教育中开展广泛深入的谈心谈话活动成功实践，丰富完善党的组织生活，增强党内政治生活的针对性、有效性的有效抓手。

我们党自成立之日起，就注重探索运用这一形式开展党的思想政治工作和群众工作，在革命、建设和改革发展的各个历史时期，逐渐积累和形成了一整套好经验好做法，为加强党的建设，保持和发扬党的政治优势发挥了不可替代的作用。党的十八大以来，按照党中央加强党的建设、坚持全面从严治党的要求，各级党组织在党的群众路线教育实践活动、"三严三实"专题教育和"两学一做"学习教育中，组织引导党员广泛开展谈心谈话活动，取得显著成效，为严肃党内政治生活、形成良好政治生态打下好的基础。

坚持谈心谈话制度，关键是要敞开心扉，以诚相见，见人见事见思想。要带着问题谈，班子成员之间要经常开展谈心，主动亮明自身存在的问题，诚恳指出对方的问题，相互交换对所在领导班子存在问题的看法，深入探讨解决问题的意见建议，对一些有误解、有分歧的问题要敞开谈。要出以公心同志式地谈，有话讲在当面，有什么问题就提什么问题，是什么问题就摆什么问题，推心置腹、沟通思想，增进了解、共同提高。

坚持谈心谈话制度，领导干部要带头示范。落实《准则》提出的"领导干部要带头谈"的要求，一般要做到"三必谈"：党委（党组）主要负责同志和班子成员必谈，班子成员相互之间必谈，班子成员和分管部门、单位主要负责同志之间必谈。《准则》提出，领导干部"也要接受党员、干部约谈"。这是对领导干部改进作风、做好工作的基本要求，要真心诚意接谈，满腔热忱沟通，决不能流于形式，更不能以各种理由推托。

坚持谈心谈话制度，村、社区、企业、机关、学校等基层党组织不能放松。要把严肃党内政治生活，加强党的思想政治建设的要求落实到每个支部、每名党员，就必须把经常性的思想政治工作做扎实。要采取个别谈话、集体座谈等多种方式，有组织地在支部开展谈心谈话活动。许多地方和单位利用开展主题党日活动、民主评议党员等契机，组织基层党组织班子成员间逐一谈心，党支部负责人和党员普遍谈心；有的对外出流动党员采取电话沟通等途径，了解思想和工作情况，听取意见建议；有的对困难党员、年老体弱党员上门谈心，主动关怀，扶贫帮困。这些好的做法，值得借鉴和推广。（来源：新华社）

【典型案例】

谈心谈话"三个三"为民主生活会"暖好场"

青山区结合自治区党委常委联系点的实际情况，超前部署，科学谋划，扎实开展谈心谈话活动，以"三个到位"合理安排工作，以"三个结合"进一步明确谈话方向，以"三个回合"确保活动取得实效，实现在交心沟通中统一思想、凝聚共识，达到"团结——批评——团结"的目的，为高质量召开民主生活会奠定坚实基础。

三个到位"巧安排"，确保谈话精准高效

一是主旨认识到位，解决"不会谈"的问题。印发谈心交心活动实施方案，明确活动的程序、范围和具体要求，召开了教育实践活动领导小组会、督导工作部署会、动员学习会，集中组织学习了习近平总书记系列重要指示精神，围绕如何开展批评和自我批评谈认识、议方法、作承诺。同时，总结中央领导联系点经验做法印制

5 期简报增刊，有针对性地指导党员领导干部查找自身问题，进一步明确活动主旨，统一思想认识。

二是任务安排到位，解决"怎么谈"的问题。制作倒排时间表、每周重点任务安排表，准确详细列出每个时间节点的具体工作内容和有关要求，确保全区各参学单位预留思考空间，事先做好功课。精心制作了谈话记录表，进一步明确谈话要求，详细记录谈话内容和方式，原汁原味保留谈话痕迹，方便党员领导干部梳理查摆问题，也便于督导组对谈心谈话环节的核查、督导，充分做细做足谈心谈话前准备工作。

三是问题梳理到位，解决"谈什么"的问题。针对第一环节征求问题意见民生诉求多、"四风"问题少、班子问题多、个人问题少的现状，建立纵横交错的问题梳理机制，从民生问题中透视"四风"问题，从问题表象中挖掘思想根源，切实做到跳出问题找病灶，为党员领导干部列"问题清单"提供依据。同时，要求谈心活动与中央提出的"四风"具体表现、与督导组反馈的意见、与第一环节征求梳理的意见建议、与实施方案中列举的突出问题紧密结合起来，有针对性、有重点地开展谈心谈话，确保谈真、谈实、谈深。

三个结合"明方向"，确保思想谈开谈实

一是坚持"普遍谈"与"重点谈"相结合，重点解决"不敢说"的问题。党组织主要负责同志用 1 个月的时间，与班子成员逐一谈心，班子成员之间、班子成员与分管部门（科室）负责人均进行了普遍谈心，此外，结合督导组、联络组点出的重点问题和自己认为需要重点解决的问题，有针对性地开展重点谈心。为了让言路真正

畅通起来，在集体思想交流会上，积极引导老同志带头批评主要领导，逐步打开心结，让大家认识到主动揭短亮丑才是互相信任和爱护，促进班子更加团结。

二是坚持"上门恳谈"与"开门约谈"相结合，重点解决"找不全"的问题。在上级规定"四必谈"基础上，主要领导和其他班子成员还与部分党员群众谈心，采取主动上门谈、请来谈、接受约谈等方式，充分利用全区科级以上领导干部联系帮扶工作机制，随时随地与基层干部、党员群众进行谈心谈话，尤其注重与那些敢提意见的同志谈心谈话，在更大范围听取意见建议。

三是坚持"规定时间谈"与"注重质量谈"相结合，重点解决"不聚焦"的问题。党组织负责人率先垂范，开展谈心谈话，每次都在1小时以上，有时长达半天，与有的同志谈心达三四次之多，经常谈到深夜。为防止以闲聊代替交心、以谈感情代替谈问题、以交换工作意见代替指出对方问题，坚持时间服从质量，以"真正落实批评和自我批评，互相把问题找出来、意见提出来"为衡量标准，一次谈不透下次再谈，直到取得实效为止，预热达到足够的温度。

三个回合"谋实效"，确保问题谈通谈透

一是双方沟通"提什么"，充分交流思想。采取个人先找，别人后帮的方式，第一轮谈心谈话每名党员领导干部都要通过自我剖析列出20条个人"问题清单"和5条互相批评"意见清单"，然后亲自印发、分送班子其他成员，把批评和自我批评的意见先亮出来，之后进行面对面、一对一、双向互动式谈话。在充分沟通的基础上，各单位班子成员逐步放下包袱、扫清顾虑，敢于亮短揭丑，

体现开诚布公，在相互启发、诚恳互助中把问题聚焦找准、让思想共同提升。区委主要领导先后与其他区委班子成员进行个别谈心谈话 30 余人次，每次谈话都留足时间，工作忙的时候就利用晚上和周末谈，力求深度交流、擦出火花、撞出思想。

二是班长把关"行不行"，确保触及灵魂。第一轮谈心谈话后，班子成员都要撰写相互批评发言材料，由单位主要领导逐个把关班子成员之间的批评意见，看提得准不准、真不真、透不透，对达不到要求的进一步提出指导意见，督促继续深谈谈透。班子成员针对审核意见进行修改完善，待主要领导审核通过后提交督导组审核，之后班子成员相互见面，一对一进行第二轮谈心谈话，交流相互批评情况，继续修改完善书面材料，确保班子成员一层一层揭面纱，挤水分，形成掏心见胆的氛围。

三是大家评价"够不够"，逐步形成共识。召开集体思想交流会，对拟开展批评的问题进行充分沟通，集体会诊，相互把脉，侧重各自问题查摆得行不行，看所提的问题够不够。通过坦诚交流思想，班子成员之间逐步克服了"怕伤感情、怕秋后算账、怕群众揪住辫子不放"的思想顾虑。通过三轮谈心谈话，班子成员之间加深了理解、消除了隔阂、增进了团结，收获了前所未有的放松感和亲密感，实现了没有什么意见不敢提，没有什么意见不接受，有效把问题解决在了民主生活会前。（来源：人民网－中国共产党新闻网）

点评：内蒙古青山区谈心谈话"三个三"机制，既是民主生活会前的好做法，也是落实谈心谈话制度的生动实践。其中的很好的做法，比如，三个到位"巧安排"、三个结合"明方向"都值得各级党组织学习借鉴，转化创新。不能把谈心谈话当作可有可无的事，谈心谈话做好了、做实了、做细了，就能凝聚人心、推动发展，提升企业核心竞争力。

如何以请示报告制度推动工作

🗨 **本篇主要观点:**

遵守请示报告制度推动工作是一门大学问。必须要认真了解什么是重大事项，党组织及党员应当向上级党组织请示、报告、报备的事项，程序和注意的事项。要掌握方法、实事求是，对组织讲实话、道真情，有一说一、有二说二。

《党章》第十六条规定："党的下级组织必须坚决执行上级组织的决定。下级组织如果认为上级组织的决定不符合本地区、本部门的实际情况，可以请求改变；如果上级组织坚持原决定，下级组织必须执行，并不得公开发表不同意见，但有权向再上一级组织报告。"

《关于新形势下党内政治生活的若干准则》规定，领导干部必须强化组织观念，工作中重大问题和个人有关事项必须按规定按程序向组织请示报告，离开岗位或工作所在地要事先向组织请示报告。对无正当理由不按时报告、不如实报告或隐瞒不报的，要严肃处理。

请示报告制度是我们党的一项重要政治纪律、组织纪律、工作纪律，是执行民主集中制的有效工作机制，对于坚决维护习近平总书记党中央的核心、全党的核心地位，坚决维护党中央权威和集中统一领导，保证全党团结统一和行动一致，具有重要意义。中国共产党建党100多年以来，历来高度重视党内请示报告制度。1928年11月，毛泽东撰写的《井冈山的斗争》，是贯彻执行请示报告制度的光辉典范。党的十八大以来，以习近平同志为核心的党中央高度重视加强请示报告工作，反复强调严格执行请示报告制度的重要性，明确要求全党必须严格执行重大问题请示报告制度，研究涉及全局的重大事项或作出重大决定要及时向党中央请示报告，执行党中央重大决定的情况要专题报告。

党的十八届六中全会通过《关于新形势下党内政治生活的若干准则》，根据新的情况对重大问题报告制度作出更加细致严格的规定。《准则》规定：全党必须严格执行重大问题请示报告制度。全国人大常委会、国务院、全国政协，中央纪律检查委员会，最高人民法院、最高人民检察院，中央和国家机关各部门，各人民团体，各省、自治区、直辖市，其党组织要定期向党中央报告工作。研究涉及全局的重大事项或作出重大决定要及时向党中央请示报告，执行党中央重要决定的情况要专题报告。遇有突发性重大问题和工作中重大问题要及时向党中央请示报告，情况紧急必须临机处置的，要尽职尽力做好工作，并迅速报告。省、自治区、直辖市党委在党中央领导下开展工作，同级各个组织中的党组织和领导干部要自觉接受同级党委领导、向同级党委负责，重大事项和重要情况及时向同级党委请示报告。

2019年，党中央颁布了《中国共产党重大事项请示报告条例》，进一步提高了重大事项请示报告工作制度化、规范化、科学化水平。明确规定：请示，是指下级党组织向上级党组织，党员、领导干部向党组织就重大事项请求指示或者批准。报告，是指下级党组织向上级党组织，党员、领导干部向党组织呈报重要事情和重要情况。

遵守请示报告制度推动工作是一门大学问。它体现着领导干部的组织纪律和党性修养，体现为工作方法和能力。党组织和党员干部在工作中不请示、不报告，必然会带来一系列衍生问题。在实际工作当中往往因忽视请示报告，造成许多越位、被动局面。请示是为了准确领会上级领导的意图和要求，得到领导的帮助和指示。报告的主要目的是让领导对工作安排和部署有全面的了解和掌握。如果不及时汇报，无法让上级及时掌握新动态，就可能会出现失误或者偏差，造成难以弥补的损失。解放战争中，为掌握全局动态，推进革命形势发展，毛泽东严格要求各中央局、各野战军前委严格执行请示报告制度，坚持定期向中央作综合报告。当时，虽然华北局、中原局、西北局都及时向中央和毛泽东作了报告，但东北局没有按规定报告，这对党中央和毛泽东掌握东北真实情况、研究制定战争战略战术决策造成实际困难。对此，毛泽东亲自起草电报，严厉批评林彪和东北局不讲大局，没有纪律意识。林彪意识到问题严重性，连夜向中央递交情况报告并深入自我检讨。毛泽东复电林彪，指出："此种综合报告和各个具体问题的个别报告不但不相冲突，而且必须有此种报告、并要有多次此种报告之后，才能使我们看得出一个大战略区的全貌。"三大战役期间，当时的党中央和毛泽东直接督导压阵指导的三大战役的兵团、纵队和总台 20 多个；电报量从每月 90 万字增至每月 140 万字；特急电报占比从 35% 增至 75%，即刻译发的四 A 特急电报急剧增加。毛泽东亲自审阅各野战军电报千余份，亲自起草有关战略方针和重要决策的电报 300 余份。就是因为请示报告制度在全军得到严格贯彻执行，我们才取得了三大战役的胜利，为党夺取和掌握全国政权作了重要的准备。这一历史经验，在今天对于加强党的纪律建设，践行"四个意识""四个服从"仍有十分重要的意义。

各级党组织和党员、领导干部必须要认真了解什么是重大事项，党组织及党员应当向上级党组织请示、报告、报备的事项，程序和注意的事项，既要牢记授权有限，该请示的必须请示，该报告的必须报告，又要牢记守土有责，该负责的必须负责，该担当的必须担当。

做好请示报告，要认真备课。全面了解与请示报告相关联的其他事项，制订两种以上解决问题的方案，选择适当的时间、地点和方式向领导请示报告工作。要遵规守矩。遇有重大事项不能越级汇报，要自觉向主管领导请示报告，不能多头汇报，谁负责安排工作就向谁汇报。要抓住主要矛盾。请示报告不能面面俱到，眉毛胡子一把抓。要抓要义，突出重点。特别是电话请示，更要简洁，分清主次。报告工作应先说结果，再报告过程，说明特殊情况。要实事求是。坚持客观真实的原则，要对组织讲实话、道真情，有一说一、有二说二。要坚持"四个服从"。党员个人服从党的组织，少数服从多数，下级组织服从上级组织，全党各个组织和全体党员服从党的全国代表大会和中央委员会。只有坚守这项原则，才会稳定有序推进工作。

< 知识链接 >

从百年党史看请示报告制度

重大问题要请示报告是党的重要纪律和规矩，是实现党在各个历史时期使命和任务的内在要求。中国共产党成立至今，一直非常重视党内请示报告制度。

1923 年 12 月，党中央在《中央通告》中就有关工作要求"各地方务须随时报告区委员会，各区会务须随时报告中局"。

1928 年 11 月毛泽东同志所写的《井冈山的斗争》就是给党中央的报告，全面报告了当时根据地的实际情况，成为执行请示报告制度的典范。

1942 年 9 月中央政治局通过的《中共中央关于统一抗日根据地党的领导及调整各组织间关系的决定》要求："在决定含有全国全党全军普遍性的新问题时，必须请示中央，不得标新立异，自作决定，危害全党领导的统一。"

1948 年 1 月，毛泽东同志为中央起草关于建立报告制度的党内指示，提出：为了及时反映情况，使中央有可能在事先或事后帮助各地不犯或少犯错误，争取革命战争更加伟大的胜利起见，从当年起建立报告制度。报告制度规定：各中央局和分局，由书记负责（自己动手，不要秘书代劳），每两个月，向中央和中央主席作一次综合报告。报告内容包括该区军事、政治、土地改革、整党、经济、宣传和文化等各项活动的动态，活动中发生的问题和倾向，对于这些问题和倾向的解决方法。各野战军首长和军区首长，除作战方针必须随时报告和请示，并且按照过去规定，每月作一次战绩报告、损耗报告和实力报告外，每两个月要作一次政策性的综合报告和请示。综合报告内容要扼要，文字要简练，要指出问题或争论之所在。

1948 年 3 月，毛泽东同志为中央起草关于建立报告制度的补充指示，要求各中央局、分局、前委，除已规定的报告制度务须严格遵守外，对于向下级发出的一切有关政策及策略性质的指示及答复，不论是属于何项问题，均须同时发给中央一份。下级向他们所作政策及策略性的报告，其内容重要者，亦须同时告知中央。每一个中央委员、中央候补委员均有单独向中央或中央主席随时反映情况及陈述意见的义务及权利。

…………

1948 年 9 月，党中央政治局通过《中共中央关于各中央局、分局、军区、军委分会及前委会向中央请示报告制度的决议》，就各项工作中何者决定权属于中央，何者必须事前请示中央，并得到中央批准后才能付诸实行，何者必须事后报告中央备审，作了详细的规定，从而正式确立了包括综合报告和其他各项工作报告在内的一整套完备的请示报告制度，同时也明确了党的各级组织的权限和责任担当。

1953 年 3 月，党中央发出《关于加强中央人民政府系统各部门向中央请示报告制度及加强中央对于政府工作领导的决定（草案）》予以试行。

1956 年 9 月，党的八大通过的《中国共产党章程》明确要求："党的下级组织必须定期向上级组织报告工作。下级组织的工作中应当由上级组织决定的问题，必须及时向上级请求指示。"

党的十一届三中全会之后，党的建设在拨乱反正中逐步走上正轨，请示报告制度得到恢复和健全。1982 年党的十二大通过的新党章直至 2017 年党的十九大修改后的党章都明确规定："党的下级组织既要向上级组织请示和报告工作，又要独立负责地解决自己职责范围内的问题。"

实践充分表明，请示报告制度是党的优良传统和政治优势的重要体现。

党的十八大以来，以习近平同志为核心的党中央高度重视加强请示报告工作。习近平总书记强调指出："请示报告制度是我们党的一项重要制度，是执行党的民主集中制的有效工作机制，也是组织纪律的一个重要方面。"

党的十八届六中全会通过《关于新形势下党内政治生活的若干准则》，根据新的情况对重大问题报告制度作出更加细致严格的规定。

按照这些规定，全国人大、国务院、全国政协，中央纪律检查委员会，最高人民法院、最高人民检察院，中央和国家机关各部门，人民军队，各人民团体，各省、自治区、直辖市，其党委（党组）要定期向党中央报告工作。研究涉及全局的重大事项或作出重大决定要及时请示报告，执行党中央重要决定的情况要专题报告。遇有突发性重大问题和工作中重大问题要及时向党中央请示报告，除情况紧急必须临机处置并迅速报告外，不准先斩后奏。

2019 年年初，党中央颁布了《中国共产党重大事项请示报告条例》，这是在新形势下对历史上党的报告制度的继承和发展。这一条例与《关于新形势下党内政治生活的若干准则》《中共中央政治局关于加强和维护党中央集中统一领导的若干规定》等党内法规一起，构成加强党的政治建设的党内制度体系，表明我们党对维护党的集中统一领导有了更全面、更深入的认识和更系统、更有效的办法。

百年党史告诉我们，请示报告不是可有可无的小事，而是事关党的建设、涉及党的政治纪律的大事。各级党组织和广大党员干部必须提高政治站位，强化思想自觉和行动自觉，认真学习、准确把握制度要求，不折不扣、严格执行制度规定，把各项规定落实到位，让制度落地生根。（来源：央广网）

【典型案例】

党员干部不履行请示报告的严重后果

基本案情

案例一

张某，某县城市管理行政执法局副局长，中共党员。2017年12月某日晚，该局城管执法人员与来该县旅游的多名游客发生冲突，城管人员蛮横执法，将导游周某等人打伤。张某作为带班领导，未按照县里规定的发生重大突发事件必须及时向组织汇报的要求，未向局里报告该情况。该事件未得到及时处置，经网络传播后，产生恶劣影响。

案例二

胡某，某市委常委、副市长，中共党员。2018年1月的一个周末，该市发生突发事件，需胡某马上出面协调。市政府联系胡某，胡某表示正在郊区调研。实际上，胡某当时正在海南旅游。后查明，2017 年至 2018 年胡某多次利用周末、节假日到外地游玩，且未向组织报备，情节严重。

案例三

赵某，某省农业厅副厅长，中共党员。赵某的女儿赵丽在国外一家投资公司任职。2017 年，赵丽嫁给某外籍公民，并加入该国国籍。2017 年年底，赵某在填报《领导干部个人有关事项报告表》时，因对女儿的婚事并不赞同，在《报告表》中仅填报了赵丽在国外工作情况，未填写其婚姻及国籍情况。另外，赵某为规避报告，以其远房亲戚名义购买了 50 万元理财产品，也未报告。

党纪评析

请示报告制度是我们党的一项重要制度，是执行党的民主集中制的有效工作机制，也是党的组织纪律和工作纪律的重要内容。《关于新形势下党内政治生活的若干准则》强调："领导干部必须强化组织观念，工作中重大问题和个人有关事项必须按规定按程序向组织请示报告，离开岗位或工作所在地要事先向组织请示报告。对无正当理由不按时报告、不如实报告或隐瞒不报的，要严肃处理。"

一、案例一中的张某构成不按规定向组织请示报告重大问题、重要事项行为

张某作为县城市管理行政执法局副局长，没有按照县里规定，及时将突发事件向组织汇报，致使事件未得到及时处理，造成恶劣影响。张某的行为构成了党纪处分条例第六十六条第一款规定的"不按照有关规定或者工作要求，向组织请示报告重大问题、重要事项"行为，违反了党的组织纪律。

二、案例二中的胡某构成不按规定报告个人去向行为

按要求如实报告个人去向，是党的组织纪律的重要内容，即使周末或节假日也必须按照要求向组织报告。《中国共产党党内监督条例》第二十四条也明确规定，领导干部必须事先请示报告离开岗位或者工作所在地。本案中，胡某多次在未报备的情况下到外地游玩，情节严重。其行为违反了党的组织纪律，构成《中国共产党纪律处分条例》（2015 年版）第六十六条第二款规定的"不按要求报告或者不如实报告个人去向"行为。需要注意的是，构成该行为要求必须情节较重。

三、案例三中的赵某构成不按规定报告个人有关事项行为

按规定报告个人有关事项是党组织对领导干部提出的一项基本要求，是党组织对党员干部进行监督的有力手段。2017 年 2 月，中央办公厅、国务院办公厅修订了《关于领导干部报告个人有关事项的规定》，对报告的范围、要求和责任追究等作出了具体规定。

党员干部在报告个人有关事项时应做到及时、完整、真实，不得迟报、漏报、少报，更不得虚假报告或隐瞒不报。本案中，赵某对女儿婚事不赞同，并不构成不报告的正当理由。他购买的 50 万元理财产品，虽然未在其个人名下，但对此类行为应坚持"实质判断"标准，只要由当事人出资并实际所有都应当如实填报。赵某的行为构成《中国共产党纪律处分条例》（2015 年版）第六十七条第一款第一项规定的"违反个人有关事项报告规定，不报告、不如实报告"行为。需要注意的是，构成该行为要求必须情节较重。

准确把握党员干部应当报告的个人事项的具体要求

党章规定，对党忠诚老实、言行一致是党员的基本义务。《中

国共产党纪律处分条例》（2015 年版）对党员干部应向党组织报告作出了明确规定。

第六十六条第一款规定了不按规定向组织请示报告重大问题、重要事项行为。这里的"不按规定"，包括中央、省市以及本地区本部门制定的相关制度规定或工作要求。"重大问题、重要事项"既包括工作中的问题或事项，比如，按照规定或者工作要求应当报告的重大投资、重要人事安排以及突发事件等。

第六十六条第二款规定了"不按要求报告或者不如实报告个人去向"行为。这里的"要求"包括本地区本部门制定的相关制度规定或工作要求，比如，一些地方制定了《关于建立和完善领导干部外出报备制度》，都属于"要求"的范畴。该条款要求情节较重的，才能给予相应党纪处分。未达到情节较重的，则不构成违纪，可以根据情节轻重，给予批评教育组织调整或组织处理。

第六十七条第一款第一项规定了"违反个人有关事项报告规定"行为。这里的"个人有关事项报告规定"主要是指 2017 年中办、国办印发的《领导干部报告个人有关事项规定》，其中第三条、第四条具体规定了领导干部应当报告的 14 项内容。按规定报告，强调不得迟报、漏报、少报，更不得虚假报告或隐瞒不报。这要求领导干部应当"及时""完整""真实"报告上述事项，若有特殊情况，可以向受理报告的组织（人事）部门请示。实践中，应注意对党员领导干部以他人名义持有的财产未予报告行为的认定和把握。如有的党员领导干部规避组织处理和纪律处分，故意把个人所有的房产、股票、基金等登记到他人名下，在填报《领导干部个人有关事项报告表》中不予报告。对此类行为应坚持"实质判断"标准，即只要根据证据能证明上述财产确属领导干部本人或家庭实际所有，且本人没有如实报告，则构成"不按规定报告个人有关事项"行为。该条款要求情节较重的，才能给予相应党纪处分。未达到情节较重的则不构成违纪，可以根据情节轻重，给予批评教育、组织调整或者组织处理。

此外，第一百一十七条规定了不报告或者不如实向上级报告工作情况的行为。在上级单位检查、视察工作或者向上级单位汇报、报告工作时，对应当报告的事项不报告或者不如实报告，造成严重损害或者严重不良影响的，对直接责任者和领导责任者给予纪律处分。（来源：《中国纪检监察报》）

点评：党的十八大以来，党中央反复强调要加强政治建设，核心目的就是上下同欲者胜。请示报告是强化政治建设的重要抓手和内容，必须要不折不扣贯彻落实好。此外，俗话说得好："既要埋头干活，也要抬头看路。"从请示汇报这个角度来品味这句话，不无道理。做正确的事永远是很重要的。

第十讲　如何发挥好组织生活制度应有的作用

💬 **本篇主要观点:**

重视"三会一课"、组织生活会等组织生活制度在统一思想、凝心聚力、推动发展上的重要作用，深刻认识到每一次的党员大会、支委会、党小组会、讲党课、主题党日、谈心谈话都是和广大党员群众交流思想、交换意见、答疑解惑、组织动员的宝贵抓手和契机。每一次会议、每一次党课，都应起到应有的作用。

每年的 2 月、3 月，各单位部门每年一度的基层党组织组织生活会陆陆续续召开。上级党组织认真落实管党治党政治责任，加强组织推动，结合工作分工和基层联系点工作，指导基层党组织的组织生活会。党委派出专人列席所辖党支部组织生活会和民主评议党员，并进行点评，掌握对党支部和党员民主评议情况，督促党支部扎实抓好整顿，及时发现问题、校准偏差、改进完善，有效提高组织生活会的质量。

陕西邮政微信公众号曾刊登一则消息《组织生活会开到了"田间地头"》，文中提到了一场在陕西西安蓝田县圣女果收寄基地开展的组织生活会，党员干部在现场一同帮助封装收寄圣女果，对圣女果项目中存在的问题进行集中讨论解决，将项目推进会和组织生活会有机结合起来，让这场组织生活会有了特别的意义。

组织生活会是以开展批评和自我批评、交流思想、总结经验教训为中心内容的组织生活制度。我们党在长期的革命和建设中形成了以开好党员领导干部民主生活会和基层党组织组织生活会为主要内容的党内组织生活基本形式。

在延安整风运动后，毛泽东同志提出了"惩前毖后、治病救人""团结——批评——团结"等正确认识和处理党内矛盾的方针。各级党组织运用这一方针通过召开组织生活会等形式，开展批评和自我批评，清洗党员思想上、政治上、行为上的灰尘，解决党内矛盾和问题，加强了党的团结统一，促进了党的肌体健康。

2016年10月，党的十八届六中全会审议通过的《关于新形势下党内政治生活的若干准则》（以下简称《准则》）提出，党的组织生活是党内政治生活的重要内容和载体，是党组织对党员进行教育管理监督的重要形式。必须坚持党的组织生活各项制度，创新方式方法，增强党的组织生活活力。党组织要严格执行组织生活制度，确保党的组织生活经常、认真、严肃。《准则》还提出，"上级党组织领导班子成员定期、随机参加下级党组织领导班子民主生活会和组织生活会，发现问题及时纠正。""全体党员、干部特别是高级干部必须增强党的意识，时刻牢记自己第一身份是党员。任何党员都不能游离于党的组织之外，更不能凌驾于党的组织之上。每个党员无论职务高低，都要参加党的组织生活。"

各级党组织和党员，都要高度重视党内生活制度的重要性、严肃性、紧迫性，严格程序、严肃纪律，在制度执行和落实上不打折、不变通，不找任何借口不组织、不参加。党员领导干部对党内组织生活起到关键作用，是决定组织生活面貌的"关键少数"。各级党委（党组）要切实加强对下级党组织组织生活会的指导督促，每名班子成员都要根据自己分管单位、分管领域领导班子建设和基层党组织建设情况，联系工作实际，选择一些单位随机参加党组织的组织生活会，对那些不严肃、不认真，甚至走过场的，要责令重开。

围绕中心、服务大局，是党建工作的本质核心，也是党的组织生活制度贯彻落实成效的检验标尺。坚持党的基本路线是党内政治生活正常开展的根本保证。近年来，中国邮政集团有限公司把服务乡村振兴作为发展壮大自己、服务国家大局的新领域新赛道，充分发挥商流、物流、资金流、信息流"四流合一"资源禀赋优势，深入服务行政村、农民合作社、家庭农场主、农业产业化龙头企业、农村商户等"村社户企店"，一站式、有针对性地解决农村农民"融资难、销售难、物流难"等问题，持续助力乡村振兴，取得了显著成效。蓝田县分公司创新思路做樱桃、圣女果寄递，就是邮政集团助力服务乡村振兴的典型缩影。提高组织生活质量，就要将组织生活从室内搬到室外、从书本搬到现场、从机关搬到基层，围绕中心工作，通过组织生活了解基层、服务基层、解决基层的实际问题，进而推动发展。基层组织生活内容一定要新、深、透，要接地气、解决问题。闭门造车式的学习讨论，显然不如走到群众中倾听所思所想、了解酸甜苦辣、解决实际问题效果好。蓝田县邮政分公司聚焦服务乡村振兴，以创新思路做樱桃、圣女果寄递为切入点，引导党员大胆开展批评与自我批评，客观公正地就党支部工作提出合理化的意见和建议。比如，有的党员提出"党支部还要在业务发展上多思考、多探索，把助农业务做大做强，让更多的人尝到咱们蓝田圣女果"。各级党组织要特别重视"三会一课"、组织生活会等组织生活制度在统一思想、凝心聚力、推动发展上的重要作用，深刻认识到每一次的党员大会、支委会、党小组会、讲党课、主题党日、谈心谈话都是和广大党员群众交流思想、交换意见、答疑解惑、组织动员的宝贵抓手和契机。每一次会议、每一次党课，都应起到应有的作用，要时刻思考如何开好每一次会议，如何才能对中心工作产生指导和推动作用，如何才能找到解决问题的途径和方法。

习近平总书记在二十届中央纪委二次全会上发表重要讲话强调，全面从严治党永远在路上，要时刻保持解决大党独有难题的清醒和坚定。如何始终不忘初心、牢记使命，如何始终统一思想、统一意志、统一行动，如何始终具备强大的执政能力和领导水平，如何始终保持干事创业精神状态，如何始终能够及时发现和解决自身存在的问题，如何始终保持风清气正的政治生态，都是我们这个大党必须解决的难题。解决这些难题，是实现新时代新征程党的使命任务必须迈过的一道坎，是全面从严治党适应新形势新要求必须啃下的"硬骨头"。可以说，落实好包括组织生活会在内的党的组织生活制度，是解决大党独有难题的关键环节。正如《准则》开篇讲到的："办好中国的事情，关键在党，关键在党要管党、从严治党。党要管党必须从党内政治生活管起，从严治党必须从党内政治生活严起。"各级党组织和党员干部特别是领导干部要切实扛起管党治党政治责任，以身作则，模范遵守党章党规，严守党的政治纪律和政治规矩，坚持不忘初心、继续前进，坚持率先垂范、以上率下，为广大共产党员作出示范，真正将"三会一课"、组织生活会等组织生活制度经常认真严肃地落实到位，从而发挥好制度的应有作用。

＜知识链接＞

十招提高组织生活吸引力

组织生活的吸引力不强，是不少基层党组织的苦恼，如何提升吸引力呢？

一、变虚泛为务实

组织生活最大的吸引力，来自优质的内容——理论精透、思想精深、情感真挚，信仰坚定、信念执着和真信真懂。

如果组织生活的内容，让党员感觉空虚、遥远，与自己毫无关系，当然谈不上有吸引力。所以基层的组织生活，内容一定要新、深、透、要接地气、要解决问题。政治学习应从单纯的读书、念报学文件，变为多侧面、全方位深度解读，变为结合实际谈认识、找差距、明方向、促大干。闭门造车式的学习讨论，显然不如走到群众中倾听所思所想、了解酸甜苦辣、解决实际问题效果好。同样，组织开展学习贯彻习近平新时代中国特色社会主义思想主题教育，学做相长就比单纯地学要好。

二、变单一为多样

组织生活如果总是单一的方式、老三样的内容，难免枯燥乏味。要更多地运用丰富的载体，用新颖的内容和表现形式吸引人。开展理论学习，可以采取重点引领发言，主题研讨、学习体会人人讲、知识竞赛在线考等多种方式进行。比如，读一本好书谈心得，访一户群众谈体会，上一堂党课促党性，写一篇调研促作风，受一场教育促信念。开展党性教育，可以采取"重读入党志愿书""过政治生日""革命烈士陵像前宣誓""微党课竞赛""主题朗诵""我和党的故事征文"等多种方式。

三、变静态为动态

传统组织生活是"围坐式"的静态模式，情景教学法是走出去的动态模式、触景生情，情景交融，效果更好。基层组织生活应运用好"三个搬到"：一是"从室内搬到室外"，到党史纪念馆、革命根据地遗址、红色教育基地等地方，接受优秀传统教育；二是"从书本搬到现场"，到服务窗口、项目现场、基层一线参观交流，到工作任务重、问题矛盾多的岗位"换位"体验，到攻坚克难"主战场"流汗大干；三是"从机关搬到基层"，通过组织生活了解基层、服务基层、解决基层的实际问题。

四、变灌输为互动

传统的组织生活，往往是"一人讲众人听、领导讲党员听"，党员参与感不强。而增强互动性，采用提问、讨论、交流等方式，可以有效改变这种情况，一是要提前将活动主题和议题告知每名党员，使大家有的成矢，做好发言准备，有时还可提前安排重点发言人；二是议题和问题要设计精当，尽量做好"三个结合"，结合所讲内容，结合单位改革发展、生产经营实际，结合党员思想、工作、作风实际让大家有话讲，有兴趣参加；三是组织生活的气氛要民主、平等，尊重党员的权利、重视党员的意见建议，让党员感受到自己是组织生活的主角。

五、变封闭为开放

有的组织生活让人产生倦怠感，其中一个原因是参与者的固化，总是同一批人在一起，思想认识、思维方式、发言内容和风格等变化不大，缺少新鲜感。可以尝试让更多人参与进来，增添鲜活因素。一是打破党组织界限，开展内外部党组织间的联创联学联建，加强相互交流、取长补短；二是善于"请进来"，积极邀请党内外先进人物、老党员、老劳模演讲感人事迹，传授成功经验，发挥示范引领作用；三是适当吸纳入党积极分子、服务对象等列席组织生活会，开展党外监督。四是积极开展党员与党员、党员与群众的互帮互助活动，增强党员的责任感和使命感。

六、变被动为主动

传统的组织生活中，党员只是等通知、听安排，被动参与较多。应让党员参与组织生活的设计和实施，让大家感受到自己是活动主体。比如，建立组织生活"项目认领"制度，将每次组织生活作为一个项目，请各党小组或党员认领，大家一起出主意、想办法、组织实施。比如，开展"微党课大家讲"活动，请每名党员每年讲一次党课。比如，充分考虑党员年龄、学历、岗位、需求等差别，将一些学习内容分成必修课、选修课，学习形式分为集中学习、个人自学等，让党员有自主选择的权利。

七、变安排为商量

"知屋漏者在宇下，知政失者在草野。"组织生活如果总是由书记、支委说了算，难免缺少变化。可以变"自上而下的安排"，为"自下而上的征集意见"，在设计组织生活时，有意识地征集全体党员的意见建议、需求想法，汇众智聚合力，确定组织生活的主题、内容、方式。比如，在年初制订组织生活计划时，下发《组织生活意见征询表》，请大家发表意见，在梳理归纳意见和建议后，再请全体党员讨论，去粗取精，选取最大公约数，制定《组织生活年度安排表》。每次组织生活前，还可以征求党员的意见，继续完善方案。

八、变传统为现代

再好的内容，没有合适的形式来展现，也难以吸引人。组织生活的内容、形式、方法、手段，都需要与时俱进，让党员群众喜闻乐见。当手机阅读，微信阅读成为大趋势，当大众传播出现"从静到动""从文字到视频"的转变时，如果组织生活还总是读报纸念文件，必然效果不佳。应更多运用PPT、视频、漫画、图片等形式，结合网络党课、微信学习、直播党课等方式来开展。一些年轻人较多的单位，讲课时尝试使用弹幕、H5以增加互动性，就很受欢迎。

九、变激励为警醒

组织生活肩负着教育管理监督党员的任务，总是一团和气、正面激励，有时难以触动心灵。适时的"红红脸、出出汗"指向问题，有时胜过苦口婆心的说教。比如，组织生活会上，对照"四有四讲"标准，将不合格的表现列出来，请大家对照是否有"遇矛盾左躲右闪、上推下卸，工作不推不动甚至推而不动，动口不动手。务虚不务实"等问题，并结合实际事例进行分析、批评，就会产生强烈的思想撞击，能够起到"洗洗澡"的作用。

十、变管理为服务

组织生活如果一味是教育、管理、监督，就会严肃有余、活泼不足，就会给人以"冷冰冰、板着脸"的距离感。而变纯粹的管理和监督为真诚的关心和帮助，组织生活就更有温度和温情，就会增强吸引力和凝聚力。一是要多关爱党员的生活，对遇到困难的党员，及时慰问帮扶；对产生思想疙瘩的党员，及时谈话了解、伸出援手。二是关爱党员的成长，比如，组织开展党员素质提升工程，请老党员对青年党员"传帮带"，为党员成长进步搭建平台、提供机会。三是多开展公益活动、志愿服务等有温度的活动。组织生活的空间打开了，积极性就相应调动起来了。（来源：《新时代国企基层党建50讲》，李会营 著）

【典型案例】

创新 + 走心 = 实效 + 活力

2023年3月中旬，在陕西省西安市蓝田县普化镇楸树庙村，一场春光里的组织生活会正在举行。"这场组织生活会开得特别好，真正把党建和经营发展有机结合，相信蓝田邮政农品的牌子一定会打得出去、叫得响！"西安市邮政分公司党委书记、总经理杨春胜督导参加蓝田县邮政分公司党支部在圣女果收寄基地现场召开的组织生活会时说道。当天，除了正常的组织生活会程序，他还同该分公司党员干部一同帮助种植户封装收寄圣女果，对圣女果项目存在的问题进行集中讨论。

新时代新形势下，如何以创新的思维、开放的姿态凝聚党员群众，增强党组织功能，推进党建和经营发展深度融合，从而凝聚起推动企业高质量发展的强大合力，成为邮政各级党组织面临的一个崭新课题。蓝田县分公司党支部这场在田间地头召开的组织生活会，正是基层邮政党组织创新组织生活形式，更好地指导发展、推动发展的一个缩影。

"搬运"组织生活会

"党支部还要在业务发展上多思考、多探索，把助农业务做大做强，让更多的人尝到咱们蓝田圣女果。"党员、蓝田县分公司客户经理夏青说。

"虽然我们取得了一些成绩，但面临的问题和困难也很多。一是党员学习还不够深入，二是党员在推动业务发展等方面带头作用还要加强，三是党员的党性修养还要提升。"蓝田县分公司党支部书记、总经理李子龙说。

在这场开在田间地头的组织生活会上，蓝田邮政的党员大胆开展批评与自我批评，客观公正地就党支部工作提出意见和合理化建议；党支部积极列出问题清单，明确整改措施，为今年支部工作蓄能添力。杨春胜在听完大家的发言后说："从去年收寄樱桃，党支部书记带头深入田间地头帮助农户采摘装箱，到现在创新思路推进圣女果项目，这种发挥邮政优势为群众办好事的思路要继续保持。"

近年来，西安市分公司党委持续推动组织生活会见阳光、接地气，并进行督导，把组织生活会的成果转化为锤炼党性的实际成效和干事创业的动力热情。

"你面对困难时，经常抱怨客观存在的问题，没有深入从主观能动性上找解决办法"，"有的工作已经安排部署过，推进过程中指导督促不到位，导致迟迟得不到结果"……3月以来，西安邮政各党支部分别召开了组织生活会，有了党委班子成员到场"督战"，会议现场气氛时而严肃紧张，时而凝重激昂，处处充满"辣味"，既做到红脸出汗、排毒治病，又推动了思想碰撞、互促进步。

"超能"党员联系点

"有了党员联系点制度，北关区域党支部机关党员每周都会下基层，为网点经营发展出谋划策。"身为基层网点负责人，西安邮政寄递事业部北关区域经开揽投部经理程英文充分感受到了党员联系点制度带来的益处。

西安市分公司党委班子成员分别挂钩联系 2 家单位，全市邮政 282 名机关党员干部与 234 个经营网点建立固定联系，帮助基层发展业务，产生了促进作风转变、密切党群联系、推动经营发展的"超能叠加效应"。

在 2 月的长期期缴保险"增收赛"中，金花路邮政分公司机关党员紧密联系对口联系点，协助网点开展特色活动，深入挖掘、聚拢客户；完成每天的帮扶工作后进行复盘，对表现突出的联系点给予通报表彰和奖励，为发展乏力的联系点打气鼓劲，确保不让一个联系点掉队。最终，金花路分公司在"增收赛"中新增标保 1.4 亿元，提前 5 天完成计划任务。

阎良区邮政分公司在推进客货邮融合项目中，党支部班子成员积极联系基层，多次走访当地政府部门，主动参与当地三级物流体系建设。最终，实现 1 个客货邮融合服务中心、3 个综合服务站扩建改造；开通 5 条客货邮线路，每月利用城乡公交车运送邮件 1500 余件；在 73 个行政村设立邮件代投点，帮助村民办理快递收寄、农产品寄递、代投民营快递包裹等业务，得到了省交通运输厅的肯定。

激发党建新活力

西安市分公司党委高度重视"三亮三比三评"、领题破题、主题党日等活动，将其作为党建提质增效的常态化措施，切实增强组织生活吸引力和实效性，让组织生活味道更鲜、养分更足、动力更强。

西安市分公司党委坚持开展"三亮三比三评"活动，600余名党员在工作岗位上"亮"明身份、"亮"出职责，时刻提醒自己将党性理念内化于心、外化于行。在活动的带动下，全市邮政各党支部形成比技能、比作风、比业绩的浓厚氛围。"双11"、春节、"开门红"等旺季节点，无论是在内部处理现场、营业厅堂，还是在客户走访、邮件投递的路上，总能看见身着红马甲的党员的身影。

"如何在保证快包业务规模、服务质量的同时，提高企业收益？"小寨邮政分公司党支部领题后，多次组织相关人员调研、论证，最终提出数据为王、精准定位客户需求点、重点开发试吃装客户及工业品客户等破题举措，收到了不错的效果。西安市分公司党委把领题破题活动作为推进党建与经营发展融合、提升党建工作质量的重要抓手，围绕企业降本增效、金融业务转型、寄递业务改革等热点问题，让"出题"方向更明确，"破题"目标更具体。2022年共申报课题17项，均已全部完成结题。

将主题党日作为"学"的基本载体、"做"的主要平台、"改"的重要抓手，西安市分公司党委创新开展丰富多彩的主题党日活动。长安区邮政分公司党总支组织开展"播撒绿色让世界更美，爱惜树木与你我同行"主题党日活动，植树护绿；鄠邑区邮政分公司党支部前往当地五保户家中开展主题党日活动，送去米、油、菜、被褥等慰问品；周至县邮政分公司党支部组织党员干部赴红色基地参观学习，接受思想洗礼，聆听革命故事，缅怀革命先烈。

（来源：《中国邮政报》）

点评：我们开的每一个会、发的每一个文都应该基于问题导向，坚持问题意识。如果开的会、举办的活动、发的文件都是形式，没有任何实质价值，那不如不干。超以象外，得其环中。各级党组织要把党的组织生活制度放到党建格局、工作大局、发展大计中去认识、观察，才能深刻明白为什么是这样，弄明白如何才能干出成效来。

如何发挥党委（党组）理论学习中心组学习的龙头作用

本篇主要观点：

准确把握中心组学习的性质定位，提高对中心组学习的重要性认识，创新学习形式，提高学习的质量和效果。

2017 年 1 月，党中央专门颁布实施了《中国共产党党委（党组）理论学习中心组学习规则》，以党内法规的形式明确了中心组学习的性质定位、组织职责、内容形式、管理要求，是各级党委（党组）抓好中心组学习的基本遵循。

党委（党组）理论学习中心组学习，是各级党委（党组）领导班子和领导干部在职理论学习的重要组织形式，是严肃党内政治生活、强化党性修养的重要内容，是加强各级领导班子思想政治建设的重要制度，是建设学习型服务型创新型的马克思主义执政党、提高党的执政能力和领导水平的重要途径。党委（党组）理论学习中心组要求以政治学习为根本，以深入学习中国特色社会主义理论体系为首要任务，以深入学习贯彻习近平新时代中国特色社会主义思想为重点，以掌握和运用马克思主义立场、观点、方法为目的，坚持围绕中心、服务大局，坚持知行合一、学以致用，坚持问题导向、注重实效，坚持依规管理、从严治学。

要准确把握中心组学习的性质定位，中心组学习是各级党委（党组）领导班子和领导干部在职理论学习的重要组织形式，以政治学习为根本，以领导班子为主体，以掌握和运用马克思主义立场观点方法为目的。它不是业务学习、经营管理培训，不是一般的会议精神传达和工作部署，切不能把党委（党组）会或办公会传达文件、会议讲话和工作批示当作中心组学习。要切实加强对中心组学习重要性的认识，它是领导班子的学习，领导重视是抓好中心组学习的前提。要把中心组学习列入重要议事日程，纳入全面从严治党责任制，纳入意识形态工作责任制，切实担负起责任来。要进一步把握学习重点，合理安排学习内容，严格执行上级党组织规定的必学专题内容。要合理安排中心组学习频次，保证学习时间和质量，一次集中学习时间不能过短，安排内容不能过多，杜绝出现应景学、应急学、应付学的问题。每季度不少于1次集中学习。

集中学习研讨是中心组学习的主要形式。要把重点发言和集体研讨、专题学习和系统学习结合起来，深入开展学习讨论和互动交流。理论学习中心组学习以中心组成员自己学、自己讲为主，适当组织专题讲座、辅导报告。进一步创新形式，改进学习方法，增强学习的吸引力、针对性和实效性。比如，深入基层调研学、开展主题联合学、搭建平台创新学等。要不断提高学习的质量和效果。既要学懂，懂其中的立场观点方法；又要弄通，知其然、知其所以然、知其所以必然；更要做实，学以致用、用以促学、学用相长。善于做到"悟道"和"悟到"。"悟道"就是要通过基层业务数据对比分析、改革发展成就和问题，揭示并努力掌握蕴含在党的创新理论中的立场观点方法、学理道理哲理情理；"悟到"就是要以贯穿其中的立场观点方法启发寻找推动发展攻坚克难的思路举措。要加强组织管理，每年年初按照党中央和上级党组织部署，结合工作实际，制订年度学习计划。上级党委宣传部会同组织部等有关部门，负责理论学习中心组学习情况的督查考核。格外重视中心组学习记录、考勤、重点发言稿等材料的归档工作，严格考勤纪律。

只有理论上清醒，才能有政治上的坚定。中心组学习是我们党独具特色的一大创造，前身可追溯到延安时期的中央学习组和各地高级学习组。当时为了适应不断变化的革命形势，毛主席号召在全体党员中来一个学习竞赛，要求领导干部带头学习，中央各机关都相继成立了学习小组。新中国成立后特别是改革开放以来，我们党把党委（党组）中心组学习作为加强领导班子和领导干部思想理论建设的重要制度确立下来，有力发挥了领导干部在理论学习方面的示范带动作用。党的十八大以来，党委（党组）中心组学习成为学习贯彻党的创新理论的龙头，有力推动了学懂弄通做实习近平新时代中国特色社会主义思想。面向新征程，必须要持之以恒发挥好中心组学习的龙头作用，坚持理论性、突出针对性、讲求实效性，把重点发言和研讨交流、个人自学和集中研学结合起来，不断提高运用习近平新时代中国特色社会主义思想解决实际问题的能力。各级领导应当发挥"关键少数"的示范和表率作用，自觉学习、带头学习，努力成为建设学习型党组织和学习型领导班子的精心组织者、积极促进者、自觉实践者，带动全党大兴学习之风。

< 知识链接 >

关于党委（党组）理论学习中心组学习的
6 个常见认知误区

认知误区 1：中心组学习，就是中心组成员坐在一起开展学习研讨。

更正：根据《中国共产党党委（党组）理论学习中心组学习规则》（以下简称《规则》）第九条，中心组的学习形式主要包括集体学习研讨、个人自学、专题调研三种，同时明确了参加学习讲坛、读书会、报告会等学习活动，以及利用网络学习平台开展学习等。由此我们知道，集体学习研讨只是中心组学习的主要形式，但并不是唯一形式。在落实中心组学习任务的过程中，我们可以把不同的学习内容分解到不同的学习形式当中，既突出重点，又灵活安排。

认知误区 2：党总支、党支部层面的学习，也可以称之为中心组学习。

更正：从党内法规层面来看，目前仅对党委、党组层面的理论学习明确了中心组的概念并做出了相应的制度设计。在党总支、党支部层面（也包括党工委、党小组等），我们可以从党章及相关的党内法规中查找到理论学习及集体学习的要求，但并没有中心组的提法。所以，在党总支、党支部层面的理论学习，并不能称之为中心组学习。

认知误区 3：中心组学习每年不得少于 12 次。

更正：首先，从党内法规层面来看，关于学习频次，《规则》

中仅第十条作出了规定"集体学习研讨应当保证学习时间和质量每年应当集中一定时间学习，每季度不少于1次"；其次，"中心组学习每年不得少于12次"这句话本身就有逻辑错误，因为中心组学习的形式包括三种主要形式，还辅之以多种形式的学习活动，而"中心组学习每年不得少于12次"这句话显然把活动形式简单固化为集体学习研讨这一种了；最后，如果你所在单位党组织自行出台制度，将党内法规规定的中心组集体学习研讨每季度不少于1次的要求，自行拓展为中心组集体学习研讨每年不少于12次的话，作为该单位下属的基层党委是要遵照执行的。

认知误区4：专题调研是服务于集体学习研讨的。

更正：有的巡视巡察反馈中心组学习中存在"集体学习研讨前没有经过专题调研"的问题，这显然是不专业的。专题调研是中心组学习的形式之一，它首先是单独存在的，其次才是可以与其他形式组合的。也就是说，对于某些学习内容，是可以通过专题调研来深化学习的，这是必须要有的；而是否要在集体学习研讨前针对相同的学习内容开展专题调研，这应该是结合实际情况来定的，并不是必须的。在巡视巡察或其他检查中，我们可以反馈某单位"中心组学习形式单一，没有通过专题调研的形式开展学习"，但不能说"集体学习研讨前没有经过专题调研"。

认知误区5：中心组学习的内容就是党的政治理论知识。

更正：《规则》第八条规定了九个方面中心组学习的内容，我们可以去查看一下原文。其中，多数内容属于党的政治理论范畴，但同时也有"经济、政治、文化、社会、生态、科技、军事、外交、民族、宗教等方面知识"，以及"改革发展实践中的重点、难点问题"。所以，如果我们以本单位科研、管理等内容作为中心组学习主题，这是绝对正确的。比如，当前制约本单位高质量发展的最大难题是芯片制造中某几个参数的设定问题，那么中心组就可以专门学习一下芯片制造中相关参数的设定原理，只不过，学懂大致的道理即可，没必要学习具体的科学细节。构建对于科研技术的基本理解能力，有助于提升领导决策的正确性。我们可以参考一下十九届中央政治局近三年集体学习的主题，既有党的建设，也有科学技术，也有管理模式和工作体系。

认知误区6：留存中心组学习资料，不符合中央关于力戒形式主义"不留痕"的要求。

更正：在中央的各类会议精神、重要讲话、重要文件当中，从来没有"不留痕"的要求，真正的要求是"不过度留痕"。对于是否过度的尺度，通常来说可以从三个方面来把握，一是是否给基层造成不必要的工作负担，如果一些资料是必须要做、自然产生的，那么留存就不算过度；二是留存的资料是否会对下一次做同样的工作有借鉴作用，如果有较强的借鉴作用，这不仅不会增加负担，还会减轻下一次工作的负担；三是留存的资料是否有查询价值。在《规则》中明确的学习资料包括中心组年度学习计划、中心组成员的学习心得、调研报告或者理论文章，这些务必要有，而其他资料的范围需要结合本单位情况来定。（来源：小建智库微信公众号）

【典型案例】

第二电厂党委理论学习中心组学习

中心组学习由党委书记张山主持：同志们，今天的学习，主要有四项议程：

一是学习习近平总书记关于科教兴国战略的系列讲话精神。请市委党校教授黄有龙老师给我们做学习辅导。

二是听取电力行业宏观形势和技术创新报告。请我厂研究所所长李树人同志作报告。

三是邀请科技创新先进单位、第三电厂厂长丁峰同志传经送宝，介绍以科研促转型的工作经验。

四是研讨我厂自主创新中存在的问题。请党委委员结合今天的学习情况和我厂实际分别发言。

（议程一一进行）

议程结束后，张山书记总结：同志们，通过今天的学习，我们对习近平总书记关于科教兴国战略的论述有了更深入的理解，进一步明确了发展方向，坚定了通过自主创新推进产业转型升级和高质量发展的思路，这是至关重要的思想基础。能源行业发生了深刻变化，科技创新日新月异，我们不能再吃老本、原地踏步了。习近平总书记强调，老路走不通，新路在哪里？就在科技创新上，就在加快从要素驱动、投资规模驱动发展为主向以创新驱动发展为主的转变上。这就是我们的方向。刚才大家在讨论中，从加快新能源业务发展、加快新技术攻关、破除体制机制障碍、加快科研人才队伍培养、构建自主创新的生态链等几个方向，提出了具体思路和方向，请分管科技工作的赵兵同志负责，6月底前拿出我厂加快自主创新工作实施意见。今天讨论中确定的8项重点工作，请科技部牵头，形成目标责任书，责任到人推动实施。

大家还有什么意见？没有，散会。

点评：理论的价值在于指导实践，学习的目的全在于运用。在理论学习的过程中，必须要坚持学以致用、知行合一，联系实际开展研讨，交流运用党的创新理论解决实际问题的具体案例和体会，提出加强和改进工作的思路举措。防止泛泛而谈、空洞无物。此外，还要抓好个人自学，真正把学习作为一种生活态度、一种工作责任、一种精神追求。

第十二讲 民主生活会两个关键要素是什么

💬 **本篇主要观点:**

民主生活会是一种党内民主的形式，是班子成员之间的重要沟通渠道。要着力解决好撰写个人发言提纲、批评和相互批评的老大难问题。

2017年1月印发的《县以上党和国家机关党员领导干部民主生活会若干规定》明确指出，民主生活会是党内政治生活的重要内容，是发扬党内民主、加强党内监督、依靠领导班子自身力量解决矛盾和问题的重要方式。坚持和完善民主生活会制度，对于新形势下加强和规范党内政治生活，增强党自我净化、自我完善、自我革新、自我提高能力，实现党的正确领导，维护党的团结和集中统一，引导党员领导干部牢固树立政治意识、大局意识、核心意识、看齐意识，自觉践行"三严三实"要求，始终做到忠诚干净担当，具有重要作用。

民主生活会主要程序

民主生活会由领导班子主要负责人主持，一般按以下程序进行：

1. 通报上一次民主生活会整改措施落实情况和本次民主生活会征求意见情况。

2. 主要负责人代表领导班子作对照检查。

3. 领导班子成员逐一进行对照检查，作自我批评，其他成员对其提出批评意见。

4. 主要负责人总结会议情况，提出整改工作要求。

因故缺席的人员应当提交书面发言材料。会后，将会议情况和批评意见转告缺席人。

民主生活会结束后15日内，应当将会议情况报告和会议记录报上级党组织，并报送上级纪委和党委组织部门。报告的主要内容是征求意见的情况、开展批评和自我批评的情况、检查和反映出来的主要问题及整改措施。省部级单位召开民主生活会的情况，由中央组织部会同中央纪委机关形成综合报告，报党中央。

民主生活会召开情况应当向下级党组织或者本单位通报。对于群众普遍关心问题的整改措施，以适当方式公布。

民主生活会的主题，一般由上级党组织统一确定，或者由领导班子根据自身建设实际确定，并报上级党组织同意。民主生活会每年召开1次，一般安排在第四季度。因特殊情况需要提前或者延期召开的，应当报上级党组织同意。民主生活会到会人数必须达到应到会人数的三分之二以上。因故缺席的人员应当提交书面发言材料。会后，将会议情况和批评意见转告缺席人。领导班子遇到重要或者普遍性问题，出现重大决策失误或者对突发事件处置失当，经纪律检查、巡视和审计发现重要问题，以及发生违纪违法案件等情况的，应当专门召开民主生活会，及时剖析整改。

深刻理解民主生活会的内涵。民主生活会是一种党内民主的形式。班子成员既分工又协作，通过民主会议（班子民主生活会）的方式交换意见，沟通交流、统一思想、明确措施、达成共识。民主生活会是一个重要渠道。依靠班子自身力量解决矛盾和问题（组织和个人两个层面），加强领导班子自身建设的重要渠道；通过开展批评和自我批评，发扬党内民主，互相监督，使班子成员及时发现和纠正自身缺点，从而着力提高领导班子发现和解决自身问题的能力，提升班子引领发展的能力。

高质量开好民主生活会，有两个方面的重点难点。一是撰写个人发言提纲。《若干规定》强调，撰写领导班子对照检查材料和个人发言提纲，查摆问题，进行党性分析，提出整改措施。个人发言提纲应当自己动手撰写，并按规定说明个人有关事项。我们在撰写个人发言提纲的时候，经常会犯一个普遍性的错误，就是认知停留在表面上，不会深化、转化、具体化，导致绞尽脑汁却无从下笔。我们就以2022年度民主生活会为例，具体告诉大家怎么进行"三化"落笔。比如，第三个对照检查的内容是，带头坚持和加强党的全面领导。认真贯彻民主集中制，创新和改进领导方式，增强党组织政治功能和组织功能，不折不扣把党中央决策部署和习近平总书记关于本地区本部门的重要指示批示精神贯彻落实好，把广大职工群众组织凝聚好，夯实党执政的根基。这条标题的关键词有两个方面，一是增强两个功能；二是贯彻落实好。增强两个功能，首先要深化理解两个功能的内容是什么。政治功能包括政治建设和理论武装，组织功能包括严密组织体系和走好群众路线。政治建设包括"三会一课"在内的党内政治生活、民主集中制、政治言行等；理论武装无须多说。严密组织体系包括党组织设置、科学调整，党的工作体系，参股、相对控股的企业党建工作体系，流动党员管理等；群众路线，包括深入基层调研等。经过这样抽丝剥茧的分析，我们再对照我们日常工作当中经常出现的问题，包括巡视巡察发现的问题，把现实客观存在的问题对号入座，实现具体化表述，这样，一个实实在在有血有肉的问题就能被查找出来。其他亦如此。在撰写个人发言提纲时，一定要学会找准关键词，并且善于把关键词背后的知识框架立起来，牢记"三化"，这样眼前就会出现一个长着各种各样果子的果树，想吃哪个果子就摘哪个果子，这样出炉的材料应该会让人眼前一亮。

　　第二个就是相互批评。批评和相互批评是解决党内矛盾、保持党的肌体的有力武器。党内政治生活的质量在相当程度上取决于这个武器用得怎么样。习近平总书记强调，对批评和自我批评这个武器，我们要大胆使用、经常使用、用够用好，使之成为一种习惯、一种自觉、一种责任，使这个武器越用越灵、越用越有效果，通过积极健康的思想斗争，不断洗涤每个党员的思想和灵魂。在实际工作当中，每个单位和部门都存在一定的问题和矛盾，这是客观存在的，也是正常的。根据我们党的经验，正确开展批评与自我批评要采取实事求是的态度和方法，要坚决贯彻"团结——批评——团结"的方针，要从团结的愿望出发，经过批评与自我批评，达到团结的目的。坚决贯彻"惩前毖后，治病救人"的方针，"惩前毖后"就要在开展批评和自我批评时，对以前的错误要揭发，不讲情面，以科学的态度分析批判过去不好的方面，以便引以为鉴，吸取教训，使后来的工作慎重些，做得好些。"治病救人"就是任何犯有错误的人，只要不固执，而是真心实意地愿意改正错误，积极开展批评与自我批评，是能够变成一位好同志、保持党员的先进性的。要坚决贯彻"知无不言，言无不尽""言者无罪，闻者足戒""有则改之，无则加勉"的原则。"知无不言，言无不尽"：不论是批评他人还是自我批评，都要毫无保留地把缺点或错误揭露出来。只有如此，才能使他人、使自己了解自身存在的问题，才能以此为基础对自身存在的问题进行深刻的原因分析、危害论证，从而增强其改正缺点、纠正错误的决心和勇气。"言者无罪，闻者足戒"就是提意见的人只要是善意的，即使提得不正确，也是无罪的；听取意见的人即使没有对方所提的缺点错误，也值得引以为戒。"有则改之，无则加勉"就是对他人给自己提出的缺点或错误，如果有就改正，如果没有就用来提醒自己不犯那样的错误。

"反听之谓聪，内视之谓明，自胜之谓强"。"人非圣贤，孰能无过"，关键是要善于发现和改正自己的错误，最怕自以为是、刚愎自用、拒绝别人的批评。说到本质上去，还是跟领导格局、胸怀、气度、容量、个人修养有很大的关系。领导干部的党性修养不会随着党龄的增加而自然增加，也不可能随着职务升迁而自然增强，金无足赤人无完人，每一个领导干部都必须时刻强化自我修炼、自我约束、自我改造。

＜知识链接＞

关于民主生活会的几个问题

问1：单位主要负责同志空缺，怎样召开民主生活会？

答：经请示上级党组织同意，可从现有班子成员中确定一人主持召开民主生活会。

问2：班子成员中党员领导干部不足3人的怎样召开民主生活会？

答：领导班子成员中党员领导干部人数不足3人的，经请示上级党组织同意，可以通过扩大参会范围召开民主生活会，参会范围一般扩大到内设机构和下属单位主要负责人。扩大参会的人员可对领导班子成员提出批评或者建议，个人不作自我批评。扩大参会的人数，由各单位根据实际情况自行把握，内设机构和下属单位数量较少的可全部参加，数量较多的可选择部分参加。

问3：行政领导班子成员如何参加或列席民主生活会？

答：党员领导干部参加党委（党组）领导班子民主生活会，开展批评和自我批评；非中共党员领导干部列席民主生活会，对参会的党员领导干部提出批评或者建议，本人一般不作自我批评、不撰写个人发言提纲，其他参会班子成员也不对其开展批评。

问4：非领导职务是否要参加民主生活会？

答：非领导职务一般不必参加领导班子民主生活会，但在实际工作中，有的单位根据工作需要，也邀请非领导职务列席民主生活会。关于这个问题，各地各单位可根据自身实际情况把握。原则上，非领导职务列席民主生活会的，个人不开展自我批评、不撰写个人发言提纲，可对参会的班子成员提出批评或建议。

问5：外出学习、培训、挂职的党员领导干部怎样参加民主生活会？

答：党员领导干部要自觉按照规定参加民主生活会，除特殊情况外，不得以外出学习、培训、挂职为由不参加民主生活会。确因特殊情况不能参加的，经请示上级党组织同意后，在会前提交书面发言材料。会后，班子主要负责同志或单位组织人事部门等有关部门应当及时将会议情况和批评意见通报所缺席的党员领导干部。

（来源：党建读物出版社《基层党务工作使用手册》）

【典型案例】

一个国有企业党委书记在教育实践活动中的对照检查

以下是我本人2013年在教育实践活动中，向上级党组织和督察组报的对照检查材料中，查找自己存在的形式主义、官僚主义突出表现的主要内容。

形式主义方面存在的主要问题。一是工作上重实际、求实效还不够，有的工作想得多、写得多、讲得多，做得少。以2012年四季度和2013年一季度半年为例，我直接起草或投入较多精力参与起草的各类文稿总计38篇，平均每个月有6篇多。一个人的精力是有限的，用于想、写和讲的时间过多了，用于深入实际、深入基层、深入职工群众的时间就少了。而深入少了，反过来又会影响想、写和讲的实效性。这方面的问题，早几年有的同志在班子民主生活会上就给我提出过，但是我没有明显改变。冷静下来想想，自己作为一个实际工作者，特别是党务工作者，"想"和"写"——出思路，"讲"——作宣传和培训，固然重要，但更重要的是推进工作落实，抓出实效。否则，就容易流于形式，乃至在有些方面成为空谈。譬如，"成为员工与企业共同发展的公司典范"，是宝钢二次创业提出的三大愿景之一。提出这个愿景，体现了以人为本的理念，但是愿景提出后，缺少系统研究和策划推进，这与我的工作没有做好直接相关。

二是工作布置多、检查少，存在着抓制度和措施的落实不力的问题。譬如，关于安全生产，我调研不算少，也总结了宝日汽车板公司和宝钢化工的经验，但是没有下决心和分管领导一起去推广。我关于安全生产的讲话很多，有些话讲得很严厉，但大都停留在提原则要求层面，针对性不够强。另外，我对安全生产管理方面的问题，缺乏从改进党群工作的角度去做深入研究，去实实在在地推进问题的解决。又譬如，近几年的党委有关年度工作检查表明，有的二级单位党委对基层党委会基础性工作制度落实不到位，集团公司党委关于党支部建设和党建带团建的有些刚性要求少数单位没有做到，这与我布置多、检查评价和考核少，抓落实不严、不力直接有关。

三是管理上要求不够严格，导致"文山会海"问题尚未从根本上得到解决。宝钢在解决"文山会海"方面虽然做了一定努力，但会议和文件仍然过多，会议管理和文件管理存在着制度执行质量不够高的问题。有些会议参会人员范围过大，存在陪会现象，这从有些会议参会者心不在焉、似听非听的"走神"的精神状态中可以看出来。有些会议或安排议题过多，没有充分的时间展开讨论，在一定程度上就成了"走程序"；或准备不够充分，匆匆忙忙提交会议讨论，影响讨论的实际效果。解决"文山会海"问题，在集团公司领导中，是以我为主，从改进工作作风的角度去负责推进的。我对发现的有些问题整改不力，有的领导人员习惯于讲长话、讲重复话，我碍于情面不指出；我对会议的时间管理要求不严格，对会议超时现象听之任之。

官僚主义方面存在的主要问题。一是有些调查研究浅尝辄止，对基层工作的针对性指导还不够。我的大部分调查研究停留在二级单位、三级单位层面，没有真正深入一线。调查研究的方式比较单一，譬如，党支部建设调研，基本上停留于开党支部书记座谈会，很少深入一个个党支部去，也很少和党支部书记做个别谈话，很少听取普通党员和职工群众对党支部建设工作效果的意见。这就造成了解和掌握实际情况不深不透。又譬如，虽然自己对党建带团建做了比较多的调查研究，但是与80后、90后青年职工直接接触少、对他们的真实情况了解不够，对青年职工的成长规律认识不足。除了"桥"论坛外，没有找到一种能够覆盖广大青年职工、帮助他们健康成长的工作载体。

二是联系职工群众不够密切，与职工群众的期待存在差距。我的主要工作精力放在集团公司的工作上，"工作重心下移"喊了好多年，在很大程度上还没有得到真正落实。与老一代领导人员相比，自己在联系职工群众方面的差距很大。与职工群众的交流，成为工作常态的，只有去联系点和每年与青年职工、科技人员、离退休老同志等若干个有关方面职工代表的座谈会，其他安排就很少了。与职工群众的距离确实疏远了，特别是与普通职工群众的接触太少了。联系职工群众不够密切的突出表现是，开展谈心活动不够，多取被动态度，往往只局限于制度规定要开展的谈心活动，至于制度规定外的谈心和由我主动安排的谈心则很少。

三是对职工群众反映的有些问题重视不够，解决不及时。我在各种不同的职工座谈会上，或者通过阅读各方面报上来的有关材料，还是能够听到或者看到职工群众的不少意见和建议的。但是对其中的有些意见和建议，自己只是做原则批示、一转了之，或者只是一听了之，并没有过多关注这些意见和建议的处理情况，以致造成同样的意见和建议，以后又会听到或看到，职工群众有的诉求得不到及时回应和及时解决。我是一级党组织的主要负责人，这种对待职工群众意见的态度，影响了党组织的形象，不符合党的全心全意为人民服务的宗旨。针对以上问题，我剖析了原因，提出了整改措施。（来源：《国有企业党委（党组）领导作用论》刘国胜 著）

点评：案例中的宝钢集团党委书记认真践行了民主生活会的有关要求，把工作摆进去，把自己摆进去，把思想摆进去，所以撰写出来的对照检查材料生动真实，质量较高。在撰写个人材料的过程中，要想取得真实成效，就必须发扬共产党人最讲认真的精神，挤出时间、钻出时间，对照主题要求，深学细悟、研机析理，从思想、能力、担当等层面找差距、查不足，认真打磨材料，方能撰写出较为满意的材料。

什么是基层党组织政治仪式

💬 **本篇主要观点：**

要高度重视基层党组织政治仪式，把举行政治仪式作为严肃党内政治生活、加强党员教育管理的重要内容，结合实际统筹开展，切实增强实效。

2019 年 1 月印发的《中共中央关于加强党的政治建设的意见》明确提出，坚持和完善重温入党誓词、党员过"政治生日"等政治仪式，使党内生活庄重、严肃、规范，坚决防止和克服党内政治生活不讲原则、平淡化庸俗化随意化的倾向。

2019 年 3 月，中共中央印发《关于加强和改进中央和国家机关党的建设的意见》规定，完善重温入党誓词、入党志愿书以及党员过"政治生日"等政治仪式。

《关于巩固深化"不忘初心、牢记使命"主题教育成果的意见》也提出，强化对党忠诚教育，落实主题党日制度，坚持和完善重温入党誓词、党员过"政治生日"等政治仪式，教育引导党员、干部强化党的意识、党员意识。

政治仪式即借助一定的语言、行为、音乐、符号、背景等，通过举行规范化程序化的象征性活动，向大众传递主流价值和观念，引导人们从心理、情感、认知上形成稳固的心理惯性和价值认同。政治仪式是党和国家政治生活的重要载体形式，具有塑造政治权威、维护政治秩序、传播主流价值、凝聚共同情感和力量的重要政治功能，在教育党员、凝聚群众等方面具有重要意义。

我们党自建党初期就明确入党要进行宣誓，《党章》明确规定"预备党员必须面向党旗进行入党宣誓"。党的十八大以来，习近平总书记高度重视政治仪式建设，习近平总书记指出：要建立和规范一些礼仪制度，组织开展形式多样的纪念庆典活动，传播主流价值，增强人们的认同感和归属感。习近平总书记亲自推动、参与了诸多的政治仪式，发挥了强大的示范引领作用。党的十八大以来的政治仪式召开频次明显上升，创新性教育性显著增强，制度化规范化程度不断提高。举办的系列法定的政治仪式如宪法宣誓制度，起到了在全社会尊崇宪法、依法用权、依法行政的法治理念和氛围，在依法治国等方面发挥着重要作用。举办的系列庆典性的政治仪式如建军70周年、建国70周年、建党100周年系列仪式，起到了很强的动员、教育、凝聚的功能。举办的系列纪念性政治仪式如哀悼四川汶川大地震死难同胞、抗击新冠疫情斗争牺牲烈士和逝世同胞、南京大屠杀死难者国家公祭日等，有效引导国民在追思中增强国家意识、民族意识、民本意识。举办的系列会议仪式如中央人才工作会议、全国脱贫攻坚会议等，具有很强的政治性，服务于中心大局，推动了相关工作向纵深推进。举办的系列表彰仪式诸如"七一"颁授仪式、表彰"劳动模范"等，反映的是国家社会主义核心价值观导向，在全社会营造尊崇先进、学习先进、崇尚先进的良好氛围。

当前，基层党组织开展的政治仪式有入党宣誓、"两优一先"表彰、重温入党誓词、入党志愿书和党员过"政治生日"，主要是用这些仪式围绕"入党"这一标志党员政治生命开始的重要事件展开，通过严肃的政治程序激发党员对入党初心的回忆，在加强党员教育，激发党员意识，增强党员党性，强化对党忠诚，践行宗旨使命等方面起到润物无声、潜移默化、日用而不觉的作用。除此之外，在党组织成立、更名，组建党员突击队、设立党员先锋岗，党组织转隶交接增强仪式性，营造庄严氛围。比如，在举行党组织成立仪式方面，可以采取党员大会（党员代表大会）、所属基层党组织负责人会议形式举行。一般按照宣读上级党组织批复，新成立基层党委、纪委负责人发言，上级党组织负责人或者由其授权的代表讲话等程序进行。根据需要，可以增加奏唱国歌、奏唱国际歌和党员代表发言等环节。还比如，在举行党组织转隶交接仪式上，由负责接收的上级党组织或者由其授权的党组织实施。转隶交接仪式一般按照宣读转隶决定，转隶基层党委、纪委负责人发言，负责接收的上级党组织负责人或者由其授权的代表讲话等程序进行。根据需要，可以邀请移交上级党组织负责人或者由其授权的代表出席并讲话。

举行政治仪式要精心安排议程，仪式前做好充分准备。严格按照有关规定使用党徽党旗，场所布置应当庄重简朴。党员参加政治仪式要注重仪容仪表，正确佩戴党员徽章，着装朴素大方，举止庄重得体。仪式完成后不宜立即解散，可以组织交流心得体会、分享入党时的情景等，延长党员思想清寒主流在仪式情境中的时间，强化教育效果。还可以提供适当的诸如贺卡、图书等，作为情感和精神寄托的载体，反复出发党员对仪式的回忆，起到再教育再深化的作用。要统筹好政治仪式和其他党员教育的方式的关系，比如，在理论学习中心组学习、"三会一课"、"主题党日"、组织生活会、谈心谈话等，注重两者之间的衔接配合。可以在革命遗址、革命纪念馆、烈士陵园或者重要会议、重大活动现场的地点举行入党宣誓前，先通过参观学习让党员形成记忆认识，感情储备，然后再进行宣誓仪式，力求深化效果。

< 知识链接 >

过好"政治生日"的 10 种常规方式和 6 种创新途径

一、过好"政治生日"的 10 种常规方式

①发送祝福信息。主要是通过短信、微信或一些党建信息化平台发送"政治生日"祝福信息。如"今天是您的政治生日，××××年×月×日，您光荣加入了中国共产党。在这神圣的日子里，希望您时刻牢记自己是一名共产党员，践行入党誓词，不负党的重任，永葆共产党员的先进本色！"

②赠送贺卡和礼物。以党支部委员会的名义向过"政治生日"的党员赠送生日贺卡和生日礼物（一般以党建理论书籍为主）。"政治生日卡"通常要求设计简约，内页内容包括入党誓词、生日寄语和党组织书记签名。有的也会在背面印上《中国共产党廉洁自律准则》全文。此处请千万注意，党组织书记的签名绝对不能是统

一印刷的，否则的话就显得太没诚意了，很容易让党员反感。当然，如果贺卡上的寄语也能是书记亲笔写就更好了。

③重温入党誓词。党支部为过"政治生日"的党员举行一次"重温入党誓词"活动，由过"政治生日"的同志领誓。通过宣誓，教育党员时刻牢记入党誓词，自觉遵守党的章程，终身践行入党誓词。

④重温入党志愿书。由本人在活动当天宣读，以此触动心灵，唤醒初心。

⑤写生日感言（或寄语）。党员本人围绕自己的成长历程和入党以来的追求与表现进行发言。简要总结过去一年中取得的成绩，查找自身差距，深入进行自我剖析，展望未来努力方向。在活动结束后形成书面的心得体会，并报送党支部。建议"政治生日"感言不要过于要求篇幅，不必拘泥形式，要的是发自内心的真情流露。

⑥组织志愿服务活动。鼓励党员根据工作实际和自身特长，参加志愿服务、义工、献爱心等活动，以实际行动纪念"政治生日"。建议过"政治生日"的党员身披绶带，更加彰显自己的身份。

⑦开展谈心谈话。党支部书记或委员与党员进行一次谈心谈话，可采取个别谈心谈话的方式，也可采取座谈的形式。谈心谈话内容包括：党员向党组织汇报一年来思想、学习、工作和生活等方面情况。谈话人代表支部对党员一年来的情况做出评价，肯定成绩，指出不足，提出希望和要求，了解掌握党员的思想动态和实际困难，做好党员的思想政治工作，切实帮助党员解决实际问题。

⑧认领党员责任岗/先锋岗。突出过"政治生日"党员的责任意识，引导他们在工作范围内认领责任岗或先锋岗，推进党员先锋模范作用的切实发挥。

⑨亮出党员承诺书。认真回顾自己的入党经历和动机，对照党章和时代要求，结合自身实际做出承诺，激发党员干事创业的动力和热情。对照合格党员的标准进行自我剖析，展望未来努力方向，争做"四个合格"党员。

⑩建立"政治生日"档案。一人一档，专人管理、档随人走。可以将党员名单按入党日期排出"政治生日"序列，并报上级党组织备案。相关部门核对党员入党相关材料，对个别具体时间记不清的党员，可查找人事档案，弄清准确时间，保证每个党员都能过上一个有意义的"政治生日"。

二、6种创新途径

（一）举办地点上创新

不仅可以是本单位的党建文化阵地，也可以是当地的烈士陵园或红色景点。

（二）举办时间上创新

既可以个性化地针对每一名党员的"政治生日"有所设计，也可以每隔一段时间将这一时间区间里过"政治生日"的党员聚在一起，以主题活动的形式集体过"政治生日"。

（三）参加的人员范围上创新

通常来讲，参加活动的一定有要过"政治生日"的党员本人，很多时候支部的其他党员也会一起参加。但是，我们可以再拓展一下，比如邀请已经退休的老党员共同参加，或者邀请当地的老红军一起参加，这样往往能取得意想不到的效果。另外，有的党组织选择"政治生日"为10的倍数的党员，组织更加隆重的活动，效果也非常好。

（四）开展的层级上创新

一般来说，举办"政治生日"活动的都是党支部，但其实也可以以上级党委的名义，比如在"七一"期间统一举办"政治生日"活动，优选既在此时入党又曾获过优秀共产党员荣誉的党员来参加。这样，"政治生日"成了一种政治奖励。

（五）自选动作上创新

可以利用"政治生日"的仪式感，打造一个"政治生日＋"的全新模式，既可以加党支部主题党日的任何内容，也可以加党内组织生活的某一个或某几个内容。比如，"政治生日＋党课"就可以组织过"政治生日"的党员讲党课。再比如，有的支部设计了"政治生日＋做一件有意义的事"。总之，可加的很多很多，您完全可以挑选一种适合您所在党组织开展的形式。

（六）组织与保障上创新

可以专门明确党组织书记为第一责任人，并将开展"政治生日"活动情况作为党组织书记述职的重要内容和党建工作考核的重要内容，从而形成责任闭环。

以上就是过好"政治生日"的 10 种常规方式和 6 种创新途径的全部内容。

最后，提供一些关于"政治生日"的金句如下：

①"政治生日"是党员政治旅途的正式开启，源于个人信仰的自主选择。

②每一名共产党员，从面向鲜红的党旗庄严宣誓那一刻起，就作出了政治抉择、选择了共产主义信仰。过一次"政治生日"，重温一次入党誓词，就是一场认真的信仰锤炼，就是一声深沉的自我

叩问。

③"政治生日"让我们凝神静气，追根溯源，更加深入地思考"当初入党为什么，现在为党干什么，今后为党留什么"。

④组织上入党，一生一次；思想上入党，一生一世。

⑤身为一名党员，必须始终强化党的意识，始终把党放在心中最高位置，牢记自己的第一身份是共产党员、第一职责是为党工作，时刻想到自己是组织的一员，时刻不忘自己应尽的义务和责任。

⑥"政治生日"是唤醒党员身份意识的抓手。

⑦"政治生日"是一项严肃的组织生活，不能搞成娱乐化、庸俗化的"趣味游戏"。

⑧几名党员过生日，全体党员受教育。

⑨"政治生日"意味着党员对于自己终生信仰的抉择，因为从这一刻起，就意味着你将自己的终身都交给了党。（来源：小建智库 微信公众号）

【典型案例】

以庄重生动的政治仪式凝心聚力 跟党奋进新征程

2021年6月21日，是一个值得我铭记的顶好日子，天空真蓝！阳光很美！虎背口党支部组织"光荣在党50年"纪念章颁发仪式暨"庆七一建党百年不忘初心使命"主题党日活动。

老党员们佩戴好党徽，郑重肃立，跟着党支部书记周芒胜同志，面对鲜艳的党旗，高举起右拳，重温入党誓词：我志愿加入中国共产党！……永不叛党！庄重的政治仪式震撼着、激励着我们老党员的心；在新时代，新征程，铭记初心使命，坚定理想信念，不怕牺牲，红心向党，跟着党走，为人民服务。我们自知老了，无力上阵拼搏，但我们只要活着，就能做到：任何时候、任何场合都不会忘记，我们会自豪地说第一身份就是一名中国共产党员！我们会骄傲地说，是一名用习近平新时代中国特色社会主义思想武装起来的、不忘初心和使命的新时代老人。

局领导手捧"光荣在党50年"纪念章，一一佩戴在老党员胸前！局领导的讲话洋溢着以习近平同志为核心的党中央对我们的关怀！光荣了我们！鼓励鞭策了我们！我们热血沸腾！信仰、观念、价值、情感和精神气质受到巨大砥砺和激发！

今天，颁发"光荣在党50年"纪念章，更促进了我们坚定马克思主义的信仰、坚定社会主义和共产主义的信念！我们要始终牢记为中国人民谋幸福、为中华民族谋复兴的初心；更要坚定不移维护习近平总书记党中央的核心、全党的核心地位，坚决维护党中央权威和集中统一领导，增强"四个意识"、坚定"四个自信"、做到"两个维护"。

这次活动，使我受到了一次深刻的党性教育。当我戴上党徽，双手捧起"光荣在党50年"纪念章时，我更加坚定地认为，要自觉学习党章，学习习近平新时代中国特色社会主义思想，不断提高政治能力，增强政治意识，加强党性修养；要深入学习"四史"，以先辈高尚品德影响自己，以英雄们的事迹鼓励自己；向抗"疫"和脱贫攻坚英雄们学习，向经贸战线模范们学习！我自知时间有限，体力有限，精力有限了，在"三个有限内"，我要努力做一名合格

的共产党员，做一名新时代的新老人！向党组织致敬！向同志们致敬！（来源：商务部网站）

点评：虎背口党支部组织通过组织有效的活动仪式，重温入党誓词。局领导为老党员佩戴"光荣在党50年"纪念章这一行动，无疑会让全体党员深刻体会到来自党组织的温暖关怀，在富有仪式感和人情味的氛围中增强党组织的归属感，大大提升党组织的亲和力和组织生活的吸引力，使党组织真正成为党员之家。同时，这有利于进一步强化党员责任意识和权利义务观念，在党言党、在党爱党、在党护党、在党忧党、在党兴党，为党工作、为民谋利，警醒和督促自身不忘来路和初心，牢记责任和使命。

第十四讲 如何加强和改进新时代思想政治工作

💬 **本篇主要观点：**

要认真学习领会《关于新时代加强和改进思想政治工作的意见》精神，把握战略定位，把握目标任务，把握方针原则，把握途径方法。

思想政治工作是党的优良传统、鲜明特色和突出政治优势，是一切工作的生命线。思想政治工作是加强党的建设、推进全面从严治党的重要抓手。党的思想政治工作的根本任务，就是根据党在各个历史时期的政治路线，对广大人民群众进行马克思列宁主义教育，进行党的理论、路线、方针、政策教育，以保证群众的行动和各项具体工作沿着正确方向前进。

中国共产党自 1921 年成立以来，就高度重视思想政治工作。党的一大通过《关于当前实际工作的决议》，确定党成立后的中心任务是通过建立工人学校、成立工会来提高工人觉悟，组织工人阶级，明确提出"党应以阶级斗争的精神灌输各工会"。毛泽东指出："只要我们的思想工作和政治工作稍微一放松，经济工作和技术工作就一定会走到邪路上去。"党的十八大以来，以习近平同志为核心的党中央高度重视思想政治工作，采取一系列重大举措切实加以推进，思想政治工作有效发挥了统一思想、凝聚共识、鼓舞斗志、团结奋斗的重要作用，全党全社会思想上的团结统一更加巩固，我国意识形态领域形势发生了全局性、根本性的转变。通过强有力的思想政治工作，我们党团结带领广大人民群众不懈奋斗，有力推动党和国家事业取得历史性成就、发生历史性变革。2021年中共中央、国务院印发了《关于新时代加强和改进思想政治工作的意见》（以下简称《意见》），包括总体要求、把思想政治工作作为治党治国的重要方式、深入开展思想政治教育、提升基层思想政治工作质量和水平、推动新时代思想政治工作守正创新发展、构建共同推进思想政治工作的大格局六个部分。《意见》是我们党关于思想政治工作理论、实践和制度创新的最新成果，标志着思想政治工作科学化规范化制度化建设迈上了新的台阶，为加强和改进新时代思想政治工作提供了坚强制度保证。

思想政治工作事关党的前途命运，事关国家长治久安，事关民族凝聚力和向心力。要牢牢把握新时代思想政治工作的六个方面的目标任务。坚持用习近平新时代中国特色社会主义思想武装全党、教育人民，推动理想信念教育常态化制度化。培育和践行社会主义核心价值观。加强党史、新中国史、改革开放史、社会主义发展史和形势政策教育。加强社会主义法治教育。增强忧患意识、发扬斗争精神。要牢牢把握新时代思想政治工作的方针原则。坚持和加强党的全面领导、坚持以人民为中心、坚持服务党和国家工作大局、坚持遵循思想政治工作规律、坚持守正创新。要准确把握新时代思想政治工作的途径方法，推动守正发展、创新发展，重视管好用好网络空间。

思想政治工作的重点难点在基层，薄弱环节也在基层。基层思想政治工作是新时代思想政治工作的重要内容，必须要高度重视、加大投入，下大气力加强基层思想政治工作，拓展工作有效覆盖面，做到人在哪里，思想政治就做到哪里。企业加强思想政治工作，要围绕生产经营，注重把思想政治工作同生产经营管理、人力资源开发、企业精神培育、企业文化建设等工作结合起来，在思想上解惑、精神上解忧、文化上解渴、心理上解压。农村加强思想政治工作，要围绕乡村振兴，注重加强农村精神文明和思想道德建设，开展弘扬时代新风和移风易俗行动，强化村规民约约束作用，培养有理想、有道德、有文化、有纪律的新时代农民。机关加强思想政治工作，要聚焦"围绕中心、建设队伍、服务群众"中心任务，带头做到"两个维护"，深化政治机关意识教育，开展对党忠诚教育，开展模范机关创建活动，开展作风建设专项整治行动。学校加强思想政治工作，要围绕"教书育人"，加快构建学校思想政治工作体系，实施时代新人培育工程，完善青少年理想信念教育齐抓共管机制，培养德智体美劳全面发展的社会主义建设者和接班人。社区加强思想政治工作，要围绕提高居民素质，加强社区网格化建设，统筹发挥社会力量协同作用，使思想政治工作真正深入群众生产和生活中去。加强网络思想政治工作，推动思想政治工作传统优势与信息技术深度融合。加强非公经济组织和新社会组织思想政治工作，开展思想政治引领行动，更好地发挥积极性主动性创造性，为国家富强、人民幸福、社会和谐贡献力量。

做好思想政治工作，关键在于要有强烈的责任心。古人云："凡百事之成也，必在敬之；其败也，必在慢之。"新时代思想政治工作的对象、条件都发生了变化，思想政治工作的方法也要改进和创新，各种机制、手段都要随着社会、时代的发展而变革完善。要推动创新思想政治工作的理念、思路、方法、手段，适应思想观念多元、多变的新特点，在多元中立主导、在多变中掌主动。思想政治工作的方法包括理论教育法、新闻媒体引导法、利益激励法、活动参与法、典型示范法、心理咨询法、文化感染法、民主沟通法、网络宣传法、分类指导法、虚实结合法、管理教育法、社会服务法等。思想政治工作是一项综合性和实践性极强的工作，没有深厚的理论功底和丰富的实践经验是不能很好地从事这项工作的。思想政治工作不是短期能够见到成效的工作，从事思想政治工作的人员不投入极大的精力和时间在这项工作上就无法出现好的效果。必须要建立健全思想政治工作责任制，各级党组织主要负责人履行第一责任人责任，班子成员履行"一岗双责"，要把工作的成效作为党政领导班子、领导干部综合考核评价的一个重要依据。对长期以来形成的一些行之有效的制度办法，如"三会一课"制度、"双联系"制度、集体学习制度、干部群众思想状况分析制度、谈心谈话制度、党员责任区制度等，要坚持好、运用好、发展好。

＜知识链接＞

中共中央 国务院印发《关于新时代加强和改进思想政治工作的意见》

新华社北京 7 月 12 日电 在中国共产党成立 100 周年之际，中共中央、国务院印发了《关于新时代加强和改进思想政治工作的意见》（以下简称《意见》）。

《意见》指出，思想政治工作是党的优良传统、鲜明特色和突出政治优势，是一切工作的生命线。加强和改进思想政治工作，事关党的前途命运，事关国家长治久安，事关民族凝聚力和向心力。《意见》包括总体要求、把思想政治工作作为治党治国的重要方式、深入开展思想政治教育、提升基层思想政治工作质量和水平、推动新时代思想政治工作守正创新发展、构建共同推进思想政治工作的大格局六个部分。

《意见》指出，党的十八大以来，以习近平同志为核心的党中央高度重视思想政治工作，采取一系列重大举措切实加以推进，思想政治工作有效发挥了统一思想、凝聚共识、鼓舞斗志、团结奋斗的重要作用，全党全社会思想上的团结统一更加巩固，我国意识形态领域形势发生了全局性、根本性的转变。

《意见》明确，新时代加强和改进思想政治工作的指导思想是：以习近平新时代中国特色社会主义思想为指导，全面贯彻党的十九大和十九届二中、三中、四中、五中全会精神，增强"四个意识"、坚定"四个自信"、做到"两个维护"，紧紧围绕统筹推进"五位一体"总体布局和协调推进"四个全面"战略布局，坚持稳中求进工作总基调，围绕巩固马克思主义在意识形态领域的指导地位、巩固全党全国人民团结奋斗的共同思想基础这一根本任务，自觉承担起举旗帜、聚民心、育新人、兴文化、展形象的职责使命，把思想政治工作作为治党治国的重要方式，着力固根基、扬优势、补短板、强弱项，提高科学化规范化制度化水平，充分调动一切积极因素，广泛团结一切可以团结的力量，为人民服务，为中国共产党治国理政服务，为巩固和发展中国特色社会主义制度服务，为改革开放和社会主义现代化建设服务。

《意见》指出，新时代加强和改进思想政治工作的方针原则是：坚持和加强党的全面领导，把思想政治工作贯穿党的建设和国家治理各领域各方面各环节，牢牢掌握工作的领导权和主动权。坚持以人民为中心，践行党的群众路线，把人民对美好生活的向往作为奋斗目标，组织群众、宣传群众、教育群众、服务群众，强信心、聚民心、暖人心、筑同心。坚持服务党和国家工作大局，全面贯彻党的基本理论、基本路线、基本方略，坚持系统观念，把思想政治工作与经济建设和其他各项工作结合起来，为党和国家中心工作提供有力政治和思想保障。坚持遵循思想政治工作规律，把显性教育与隐性教育、解决思想问题与解决实际问题、广泛覆盖与分类指导结合起来，因地、因人、因事、因时制宜开展工作。坚持守正创新，推进理念创新、手段创新、基层工作创新，使新时代思想政治工作始终保持生机活力。

《意见》指出，要把思想政治工作作为治党治国的重要方式。强化党委（党组）主体责任，各级党委（党组）要切实负起政治责任和领导责任，建立健全思想政治工作责任制，制定思想政治工作责任清单，明确落实措施和推进步骤。党的基层组织要认真贯彻党章党规要求，做好党员和群众的思想政治工作。坚持党要管党、全面从严治党，以党的政治建设为统领，坚持思想建党和制度治党相统一，把思想政治工作落实到党的各项建设之中。加强党对国家和社会的全面领导，善于运用思想政治工作和体制制度优势，推动经济社会发展、管理社会事务、服务人民群众，保证党和国家各项事业始终沿着正确方向前进。

《意见》指出，要深入开展思想政治教育。坚持用习近平新时代中国特色社会主义思想武装全党、教育人民，健全用党的创新理论武装全党、教育人民工作体系，增进对习近平新时代中国特色社会主义思想的政治认同、思想认同、理论认同、情感认同。推动理想信念教育常态化制度化，广泛开展中国特色社会主义和中国梦宣传教育，弘扬民族精神和时代精神，加强爱国主义、集体主义、社会主义教育，加强马克思主义唯物论和无神论教育。培育和践行社会主义核心价值观，加强教育引导、实践养成、制度保障，推动社会主义核心价值观融入社会发展和百姓生活。加强党史、新中国史、改革开放史、社会主义发展史和形势政策教育，引导党员、干部、群众旗帜鲜明反对历史虚无主义，继往开来走好新时代长征路。加强社会主义法治教育，深入学习宣传习近平法治思想，在全社会普遍开展宪法宣传教育，有针对性地宣传普及法律、法规和法理常识，加大党章党规党纪宣传力度。增强忧患意识、发扬斗争精神，广泛开展防范化解重大风险宣传教育，总结新冠肺炎疫情防控斗争经验，以自觉的斗争实践打开新天地、夺取新胜利。

《意见》指出，要提升基层思想政治工作质量和水平。加强企业思想政治工作，把思想政治工作同生产经营管理、人力资源开发、企业精神培育、企业文化建设等工作结合起来，在思想上解惑、精神上解忧、文化上解渴、心理上解压。加强农村思想政治工作，加强农村精神文明和思想道德建设，开展弘扬时代新风和移风易俗行动，抵制腐朽落后文化侵蚀，培养有理想、有道德、有文化、有纪律的新时代农民。加强机关思想政治工作，坚持把带头做到"两个维护"作为机关思想政治工作的首要任务，深化政治机关意识教育，开展模范机关创建活动，开展对党忠诚教育，开展作风建设专项整治行动，努力建设讲政治、守纪律、负责任、有效率的模范机关。加强学校思想政治工作，加快构建学校思想政治工作体系，实施时代新人培育工程，完善青少年理想信念教育齐抓共管机制，培养德智体美劳全面发展的社会主义建设者和接班人。加强社区思想政治工作，健全社区党组织领导基层群众性自治组织开展思想政治工作的相关制度，加强社区思想政治工作网格化建设，统筹发挥社会力量协同作用，使思想政治工作真正深入到群众生产和生活中去。加强网络思想政治工作，深入实施网络内容建设工程，加强网络传播能力建设，依法加强网络社会管理，推动思想政治工作传统优势与信息技术深度融合，使互联网这个最大变量变成事业发展的最大增量。做好各类群体的思想政治工作，开展思想政治引领行动，把广大群众团结凝聚在中国特色社会主义伟大旗帜下。

《意见》指出，要推动新时代思想政治工作守正创新发展。巩固壮大主流思想舆论，坚持正确政治方向、舆论导向、价值取向，把思想政治工作融入主题宣传、形势宣传、政策宣传、成就宣传、典型宣传中，落实到党报党刊、电台电视台、都市类报刊和新媒体等各级各类媒体，不断提高新闻舆论传播力、引导力、影响力、公信力。深化拓展群众性主题实践，充分利用重要传统节日、重大节庆日纪念日，发挥礼仪制度的教化作用，丰富道德实践活动，推动形成适应新时代要求的思想观念、精神面貌、文明风尚、行为规范。更加注重以文化人以文育人，深入实施文艺作品质量提升工程，深入实施中华优秀传统文化传承发展工程，推进城乡公共文化服务体系一体建设，更好满足人民精神文化生活新期待。充分发挥先进典型示范引领作用，深化时代楷模、道德模范、最美人物、身边好人等学习宣传，持续讲好不同时期英雄模范的感人故事，探索完善先进模范发挥作用的长效机制，把榜样力量转化为亿万群众的生动实践。切实加强人文关怀和心理疏导，健全党员领导干部联系基层、党员联系群众的工作制度，健全社会心理服务体系和疏导机制、危机干预机制，建立社会思想动态调查与分析研判机制，培育自尊自信、理性平和、积极向上的社会心态。

《意见》强调，要构建共同推进思想政治工作的大格局。完善领导体制和工作机制，完善党委统一领导、党政齐抓共管、宣传部门组织协调、有关部门和人民团体分工负责、全党全社会共同参与的思想政治工作大格局。打造专兼结合的工作队伍，配齐配强思想政治工作骨干队伍，充实优化兼职工作队伍，不断壮大志愿服务工作队伍，有计划有步骤地开展全员培训，深化思想政治工作人员专业技术职务评聘制度改革，培养思想政治工作的行家里手。用好各级各类文化设施和阵地，加强各级各类党员教育培训基地、爱国主义教育基地等的规划建设和管理使用，继续推动公共文化设施向社会免费开放，建设基层思想政治工作示范点。建立科学有效的评价考核体系，建立内容全面、指标合理、方法科学的思想政治工作测评体系，将测评结果纳入落实全面从严治党主体责任情况监督检查和巡视巡察内容，纳入党政领导班子、领导干部综合考核评价内容，把"软指标"变为"硬约束"。（来源：新华社）

【典型案例】

创新思政宣讲载体 汇聚机关振兴力量

　　沈阳市直机关工委以习近平新时代中国特色社会主义思想为指导，面对新形势新任务，用好"传家宝"、守好"生命线"，建强先导讲坛、青年宣讲、"思享"论坛及音乐思政课四大宣讲载体，凝聚思想共识，提振党员干部精气神，汇聚起实现沈阳振兴新突破先锋力量。

　　先导讲坛入脑。"沈市机关先导讲坛"创建15年，开讲百余场，成为全市理论学习中心组成员和机关党员干部珍惜、喜爱的"老字号"宣讲品牌，被市委定为沈阳市"振兴新突破、我要当先锋"专项行动"推动思想解放实现新突破"的宣讲培训平台。近年来，积极引进"最强大脑"，邀请央视特约评论员杨禹等全国知名专家学者，紧紧围绕学习党的二十大精神、思想解放实现新突破等主题，采用"线上＋线下"方式，2022年，举办高端讲坛5期与访谈类特别节目1期，壮大主流思想舆论，推动党的创新理论宣讲，以理论学习中心组为带动，激发引领示范效应，累计80万人次学习收看。活动信息在人民资讯等多家媒体平台刊发报道。

　　先锋宣讲入心。"青年先锋宣讲"是沈阳市直机关工委最新打造的宣讲品牌，2022年年初，成立了由200余名优秀青年组成的工委系统青年先锋宣讲团，举办"奋进新征程 建功新时代"青年先锋宣讲大赛，16名宣讲骨干在决赛中脱颖而出。组织20余个宣讲小分队，创新推出"热点＋基层""宣讲＋服务"等宣讲模式，开启点单式宣讲e服务功能，积极开展宣讲"七进"活动，其中"四史"宣讲进企业，"英雄事迹"宣讲进机关、"政策"宣讲进社区等活动，让宣讲零距离，让理论润心间，受到青年党员的热烈欢迎，受众7万余人次，在专项行动中焕发"争抢拼"的干劲，活动信息被中宣部采用，宣讲团获得辽宁省基层理论宣讲先进集体称号。

音乐思政课入耳。在音乐思政宣讲活动现场，社区书记代表现场进行了首次"点单"——一堂音乐思政课。课程以学习宣传贯彻党的二十大精神为主线，共分为六大篇章，宣讲员从"榜样书记"焦裕禄、"教育楷模"张桂梅、"大国工匠"洪家光等英雄、模范的故事切入，结合影视、歌曲等文艺创作手段，深刻诠释伟大建党精神，诠释中国共产党人精神谱系，内容精彩，引人入胜，既"晓之以理"又"动之以情"，既"启迪思想"又"沉浸其中"，讲出了受众爱听、能懂、愿行的"人情味""时代味""新潮味"，通过沉浸式音乐欣赏，激起人们的想象，影响人们的情绪乃至情感，让人们在欢笑中释放，在泪水中思考，从而引发强烈共鸣。音乐思政课将思想政治理论渗透在音乐中，讲出传承红色基因、汇聚磅礴精神伟力、坚定奋进新征程的底气和信心，为沈阳市"振兴新突破、我要当先锋"专项行动注入精神力量。

"思享·论坛"入行。沈阳市机关"思享·青年理论论坛"是青年党员干部畅谈想法，交流心得的平台载体，让青年党员既能钻进去学深，又能跳出来悟透，通过思考感悟将所学所得内化于心、外化于行。通过"一期一主题、一期一特色"的形式持续开展、贯穿全年，采用"选手登台主讲＋现场专家点评＋网络平台同步云直播"等方式进行。通过比思想，看领会解放思想内涵深不深；比学习，看领会理论知识应用透不透；比创新，看谋划工作思路举措宽不宽，进一步提高市直机关青年党员的政治能力、理论武装和业务水平，充分展现出沈阳机关广大青年"强国复兴有我"的实际行动与良好风貌。目前，活动已经连续举办了 11 期，2022 年打造了万人参与的思想盛宴，反响强烈，活动信息在新华网等媒体进行了宣传报道。（来源：思想政治工作研究公众号）

点评：创新是做好思想政治工作的强大动力。必须在继承优良传统的基础上，推进思想政治工作的创新。案例中沈阳市直机关工委在创新内容、创新方法、创新载体、创新途径上下功夫，使思想政治工作的渠道不断拓展、活力不断增强。思想政治工作必须适应党的中心工作和各项事业的发展要求，进行不断创新和拓展，以顺应社会发展潮流，增强思想政治工作的针对性、生动性和实效性。

第十五讲 为什么要高度重视加强发展党员这个基础工作

💬 **本篇主要观点:**

发展党员工作是党的一项基础工程，必须要高度重视，认真对待。做好发展党员工作的前提是要壮大入党积极分子队伍，确保优中选优、好中选好。要严格标准程序。

《中国共产党章程》第五章明确规定，党的基层组织对要求入党的积极分子进行教育和培养，做好经常性的发展党员工作，重视在生产、工作第一线和青年中发展党员。

发展党员工作是党的建设的一项经常性重要工作，是党的建设新的伟大工程的一项基础工程，是党员队伍建设的首要环节。党的十八大以来，党中央高度重视发展党员工作，作出一系列新的重大部署。2013 年 1 月，习近平总书记主持召开中央政治局会议，对加强新形势下发展党员工作进行专题研究部署。2013 年、2014 年，中共中央办公厅先后印发《关于加强新形势下发展党员和党员管理工作的意见》《中国共产党发展党员工作细则》，对严格发展党员程序、提高发展党员质量等提出明确要求。党的十九大、十九届六中全会、党的二十大都专门对发展党员工作作出战略部署，体现出了党中央对抓好发展党员工作的战略定力和谋深虑远。实践证明，将符合党员条件的先进分子和优秀人才吸收到党内来，补充新鲜血液，壮大党的力量，改善队伍结构，对于增强党的阶级基础、扩大党的群众基础、夯实党的执政基础，对于增强党的生机与活力，更好地团结带领人民群众不断夺取中国特色社会主义事业新胜利具有重要意义。特别是在推进中国式现代化建设事业中，不断涌现出来的认真贯彻执行党的基本路线、献身改革开放和现代化事业、诚心诚意为人民谋利益、带领群众为经济发展和社会进步作出实绩的先进分子，是党组织接收新党员的源泉。党组织只有经常不断地对这些先进分子进行教育和培养，在他们提出入党要求并且具备党员条件时，及时把他们吸收到党内来，才能不断壮大党员队伍，改善党员队伍结构，提高党员队伍素质，保持党员队伍生机活力，担负起新的历史使命。

加强组织领导，加强对发展党员工作的宏观指导。要提高发展党员工作的重视程度，制订发展党员工作规划、年度发展计划和发展党员工作考核办法，进一步明确发展党员工作的指导思想、工作重点、方法措施以及数量、结构和质量要求，稳妥调控好发展党员的数量和速度，使党员队伍总量与形势任务发展相适应。要注重解决好党员覆盖和分布问题，加大从产业工人、高知识群体等群体中发展党员力度，注意做好在基层一线、薄弱领域发展党员工作，使各个领域各个地方都有党员和党组织并发挥作用。要防止和避免突击发展、长期不发展、发展数量大起大落等不正常现象，防止和纠正"分指标、卡比例"等错误做法。

　　壮大入党积极分子队伍。入党积极分子队伍是党员队伍的后备军，是做好发展党员工作的基础。入党积极分子队伍就像蓄水池，这个蓄水池越充盈，发展党员的数量和质量才越有保证。只有入党积极分子数量充足、质量较高，发展党员才能有充分的选择空间，才能优中选优，切实保证发展党员的质量。壮大入党积极分子队伍，首先要保证党支部自身足够好、足够强，战斗堡垒作用发挥充分，政治功能和组织功能强大，实现"栽好梧桐树，引来凤凰栖"。这是入党积极分子队伍不断扩大的基本条件。许多事实表明，哪里的基层党组织自身建设搞得好、威信高，哪里的群众政治热情就高，申请入党的人就多。其次要加强教育和引导工作。通过理念引领行动、参与推动进步，通过深入的广泛宣传教育，不断扩大党的影响，使党外群众了解党的性质、指导思想、纲领、宗旨、路线，激发政治热情，提高政治觉悟，增强他们争做一名共产党员的光荣感和责任感。最后要及时推荐并确定入党积极分子。采取党员推荐、群团组织推优等方式，在入党申请人中推荐入党积极分子人选。

　　严格发展对象标准，保证发展党员质量。严格坚持党员标准是保证发展党员质量的前提。一要牢牢把握申请入党的前提条件。《中国共产党章程》第一章第一条规定："年满十八岁的中国工人、农民、军人、知识分子和其他社会阶层的先进分子，承认党的纲领和章程，愿意参加党的一个组织并在其中积极工作、执行党的决议和按期交纳党费的，可以申请加入中国共产党。"这些规定对党员的自然条件和思想、政治、组织条件提出了起码的要求，只有符合这些条件，才能申请加入中国共产党。二要牢牢把握党员的基本条件。《中国共产党章程》第一章第二条规定："中国共产党党员必须全心全意为人民服务，不惜牺牲个人的一切，为实现共产主义奋斗终身。中国共产党党员永远是劳动人民的普通一员。除了法律和政策规定范围内的个人利益和工作职权以外，所有共产党员都不得谋求任何私利和特权。"三要牢牢把握党员权利和义务。党章第三条和第四条规定了八项义务和八项权利，《中国共产党党员权利保障条例》进一步规定共产党员的权利，这是对党员标准作出的基本概括。党的基层组织在做发展党员工作时必须坚持党章规定的党员标准，突出政治上的先进性，始终把政治标准放在首位。很多党员同志在入党之初，誓言铮铮、信念如山，却禁不住实践的考验，在"糖衣炮弹"下思想滑坡，触犯党纪国法。对发展对象提出"政治标准"要求，就是要从发展党员之初严格把关，从源头上保持党的基因先进、纯洁，将思想上不合格、不过关的拒之门外，防止"带病入党"。

严格工作程序和纪律，确保发展党员严肃合规。严格工作程序和纪律是提高发展党员质量的重要保证。为此，要严格执行党员规定的入党程序和《中国共产党发展党员细则》的要求，在入党积极分子的确定、培养、教育、发展对象的政治审查，预备党员的接收、教育、考察和转正等每一个环节，都要严格程序、严格把关、严格纪律，以确保发展党员的质量。要坚持入党自愿原则。我们党是具有共产主义觉悟的工人阶级先进分子所组成的工人阶级政党。无论何时何地都必须把国家的利益、人民的利益摆在首位，全心全意为人民服务，不惜牺牲个人的一切，为实现共产主义事业而奋斗终身。这不是每个人都能做到的。只有当申请入党的人懂得了入党为什么、入党要干什么，入党后他们才能自觉地按照党章规定的党员标准严格要求自己，刻苦学习、积极工作、克己奉公、无私奉献，努力发挥共产党员的先锋模范作用。要坚持个别吸收的原则。成熟一个，发展一个。严格履行入党手续，不搞集体发展或成批发展。通过"个别吸收"，党组织可以深入、细致地考察和教育入党的积极分子，从而把那些迫切要求而又达到党员标准的积极分子及时地吸收到党内来，以确保党员队伍质量。有的地方和单位党的建设软弱涣散、领导班子成员老龄化、干部队伍梯次配备不合理，导致各项工作都打不开局面，死气沉沉、怨声载道，一个很重要的原因就是对发展党员工作不重视，多年不发展党员。

＜知识链接＞

发展党员工作中的这些细节尤其要注意

第一部分　共性问题

一、时序错误较多

从确定为发展对象到接收预备党员的支部大会这两个节点间，密集出现的政审、预审、填写《入党志愿书》、接收预备党员公示等时间节点次序混乱、前后颠倒等情况较为普遍。

二、材料不尽齐全

1. 将应在申请入党环节递交的"个人情况汇报"与应在政审环节递交的"自传"混为一谈。

2. 政审、预审环节应产生的多份材料，存在或多或少的缺失情况，或不规范情况。

三、细节不够细致

1.《入党志愿书》涂改严重。

2. 其他材料细节处不规范情况也五花八门，如过度模板化，有的甚至套了模板后忘了填数据。

3. "入党志愿"内容照搬入党申请书。

4. 申请入党时间在不同处出现不一致。

5. 个人基本信息填写不全，本人经历时间断档。

6. 思想汇报篇数不足。

7. 党群座谈会记录没有时间地点等必要信息。

8. 发展对象培训时间少于3天（或24学时）或没有达到时限要求。

9. 党委在发展对象预审、预备党员审批中，存在把关不严、简化程序的情况。

10. 党委审批预备党员后开展入党宣誓程序不规范。

11. 讨论发展预备党员时，通过举手的方式表决，未采取无记名投票。

四、政审工作欠严谨

1. 政审工作中的与本人谈话、查阅本人档案两个环节缺失情况比较普遍。

2. 有的函调材料只有单位落款或盖章，缺少上一级党委盖章。

3. 有的缺少综合性政审报告。

4. 有的政审时间在列为发展对象之前。

五、推荐、推优工作不完整

1. 在推荐、推优入党积极分子人选工作中，有的缺少党员推荐环节。

2. 没有在所有符合条件的对象中进行推荐。

3. 有的群团组织推优环节没有全面征求工会、团委、妇联意见。

第二部分　个性问题

一、考察表和入党志愿书基本信息填写问题

1. 籍贯只填写省份，政治面貌不规范。

2. 经历未从小学填起，起止时间有空档。

3. 入团情况、需要向党组织说明的问题等栏未填写完全，有空格未填。

二、格式文本对照填写时不仔细

1. "党支部确定为入党积极分子的意见"中，将"入党积极分子人选"写成"入党积极分子"。

2. 存在错别字。

三、入党积极分子身份考察意见不全

四、材料制作时间节点前后不对应

五、思想汇报日期间隔不准确

六、公示照片不清晰

七、入党介绍人意见未说明不足

八、支部与入党申请人谈话环节操作不规范

1. 支部未在一个月内派人与其谈话。

2. 谈话主体不对，或只有1人，或不符合要求。

九、支部大会决议问题

1.《入党志愿书》中支部大会决议有明显的改动痕迹。

2. 接收预备党员的支部大会决议填写不完整，如没有写明表决

情况，或没有注明预备期起止时间。

（来源：高校组工之家公众号）

【典型案例】

推行"五个三"梯链式发展党员工作模式（节选）

"三个坚持"抓实新生入党启蒙教育

一是坚持入党"早启蒙"。紧抓新生"迎新季"和入学"关键期"，设立党员先锋岗、组织党员先锋队，学生党员主动作为、用心服务、送去关怀，让新生在入学第一天感受到党组织的温暖。组织全体新生在线同上"入党启蒙第一课"，邀请老教授老党员等进班级进课堂。

二是坚持入党"早教育"。为新生们开设"何为共产主义信仰""百年风华正茂——谈新时代青年的选择""当代大学生的历史使命与担当"等系列入党启蒙课程，加深新生对党的认识。

三是坚持入党"早引导"。积极创新方式载体，通过举办党员榜样分享会、学生党员朋辈交流会、红色电影观影活动等丰富多彩的方式，增强入党启蒙教育实效。组织高年级优秀党员进宿舍现身说法、结对帮扶、答疑解惑，亦师亦友鼓励新生努力成长为朋辈的榜样。

"三个到位"引导学生端正入党动机

一是思想引领到位。坚持开设"小福说党建""我身边的抗疫故事"等系列微型互动课堂，让老党员讲经历，新党员谈规划、说理想，变一人讲为众人讲，让学生经常性接受熏陶。坚持开展"青马工程"大学生骨干培训班，聘请了近20位具有马克思主义学科高级职称的专家学者担任理论导师，帮助大学生骨干坚定理想信念，践行初心使命，勇担时代重任。

二是实践锻炼到位。设立校级、院级学生党员服务站，建好党员活动室，组织大学生党员参与班级、社团、社区等管理服务。全校入党积极分子每年累计提供科技服务、学习辅导、信息普查、美化环境等志愿服务时长15万多小时。

三是教育培训到位。加强分类施训，进一步推进"引领项目""堡垒训练营""先锋计划"等特色培训项目，面向入党积极分子、发展对象、预备党员、党支部书记，构建完整的"入党积极分子培训、发展对象培训、预备党员培训"的三级培训网络，抓好入党启蒙教育和双学小组的"双重引导"，开展新生党员、入党积极分子专题培训和毕业生党员组织观念强化专题培训的"两头教育"，抓好每学期一次的学生党支部书记业务培训。

"三个细化"把好发展党员工作节奏

一是发展计划精细化。根据各二级学院党委自下而上的初定计划和上一年度发展党员质量情况，制订各二级学院年度发展党员指导性计划，单列校级学生组织发展党员指标。同时，强化对发展党员工作动态管理，通过阶段性跟进发展党员情况，及时调控各学院学期发展党员计划数，确保发展计划如期完成。

二是发展工作精细化。健全完善坚持"五早"（早选苗、早教育、早培养、早实践、早监督），抓好"两次谈话"（同入党申请人谈话、同发展对象政审谈话），落实"六项制度"（推优制、公示制、测评制、预审制、票决制、责任追究制）的发展党员质量保障体系。

三是管理服务精细化。开发和完善校级党内管理、二级党组织党内管理、党支部管理的三级计算机管理程序，有效固化发展学生党员相关环节的各种逻辑关系，全面规范发展党员工作流程，降低了工作难度，提高了工作质效。（来源：光明网）

点评：解决入党动机问题是发展党员工作的核心关切。我们不能否认在争取入党的过程中，个别人入党动机往往既有正确的成分，也会掺杂一些不正确的东西。这个时候就要加强教育培训。福州大学在解决在引导大学生端正入党动机的方面，通过"三个到位"即思想引领到位、实践锻炼到位、教育培训到位，起到了很好的引领作用。端正入党动机，关键还是内外兼修，入党积极分子加强个人学习，学习党的有关知识和历史，深化对党的性质、指导思想、党的纲领、党的宗旨、党的路线的认识了解。党组织要加强引导，为入党积极分子了解党、认识党提供便利条件。

如何把党员教育管理工作融入日常、抓在经常

💬 **本篇主要观点:**

党员教育管理监督是党的建设的基础性经常性工作,要抓好党内创新理论学习,抓好基本任务教育,抓好党的组织生活制度落实,抓好党员先锋模范作用发挥。

2019年5月,中共中央印发《中国共产党党员教育管理工作条例》明确规定,党员教育管理是党的建设基础性经常性工作。党组织应当加强党员教育管理,引导党员坚定共产主义远大理想和中国特色社会主义共同理想,增强"四个意识"、坚定"四个自信"、做到"两个维护",增强党性,提高素质,认真履行义务,正确行使权利,充分发挥先锋模范作用。

党员教育管理监督是党的建设的基础性经常性工作。习近平指出:"要严格党员日常教育和管理,使广大党员平常时候看得出来、关键时刻站得出来、危急关头豁得出来,充分发挥先锋模范作用。"党的十八大以来,以习近平同志为核心的党中央把党员教育管理作为党的建设一项基础性经常性工作来部署推进,从严从实教育管理党员，推动管党治党不断从宽松软走向严紧硬，取得明显成效。在深化改革开放和发展社会主义市场经济条件下，党员队伍的思想观念、价值取向、就业方式、生活方式等都发生了深刻变化，尤其是80后、90后、00后青年党员不断增多，给党员教育管理工作带来了许多新的课题。站在新的历史起点上，只有主动适应社会环境新变化和党员队伍新情况，切实加强和创新党员教育管理工作，才能引导党员深刻领会"两个确立"的决定性意义，增强"四个意识"、坚定"四个自信"、做到"两个维护"，增强党性、提高素质，认真履行义务，正确行使权利，充分发挥先锋模范作用。

突出抓好党的创新理论武装学习教育。组织实施学习贯彻习近平新时代中国特色社会主义思想主题教育，大力开展党员、干部教育培训，坚持不懈用习近平新时代中国特色社会主义思想武装头脑、指导实践、推动工作。坚持好运用好党委（党组）理论学习中心组学习制度，发挥中心组学习的龙头作用，组织开展好专题研讨班、专题读书班等。健全党的创新理论普及工作体系，统筹用好广播、电视、报刊、网络、新媒体等渠道，面向基层、面向群众开展对象化、分众化、互动化理论宣讲，讲清楚党的创新理论的立场观点方法，讲明白其中的学理哲理道理情理，推动学习教育入脑入心。常态化长效化组织开展专题学习、主题党日、仪式教育、党员政治生日等，学经典、悟情怀，体验红色文化，浸润心灵，引导党员干部坚定道路自信、理论自信、制度自信、文化自信。巩固拓展党史学习教育成果，推动党史学习教育常态化长效化。用好革命博物馆、纪念馆、党史馆、烈士陵园等红色基因库的教育功能，用好"我为群众办实事"活动形成的良好机制，引导广大党员不忘初心、牢记使命，大力弘扬伟大建党精神，敢于斗争、善于斗争。

抓好教育党员基本任务。严格抓好政治理论教育、政治教育和政治训练、党章党规党纪教育、党的宗旨教育、革命传统教育、形势政策教育、知识技能教育等 7 个方面内容。坚持集中轮训制度。基层党组织书记每年至少参加 1 次县级以上党委举办的集中轮训，对新任党组织书记一般应在半年内进行任职培训，预备党员在预备期内和转正后 1 年内一般要各参加 1 次由上级党组织组织的集中培训，大力实施农村党员春训冬训。要落实好学时制度。党员每年参加集中培训和集体学习时间一般不少于 32 学时，基层党组织书记和班子成员每年参加集中培训和集体学习时间不少于 56 学时、至少参加 1 次集中培训。党员教育培训方式方法对路，就会事半功倍。要完善组织形式，坚持集中学习、集体学习、个人自学和组织生活、实践锻炼有机结合。要丰富教学方式，探索研讨式、观摩式、讲授式、模拟式、案例式、互动式、体验式等教学方法，探索"教室课堂＋现场教育"实训模式。要创新运用信息化方式，用好"学习强国""共产党员"教育平台等载体。注重运用大数据精准推送教育内容，引导党员主动学网用网。

发挥党内政治生活的熔炉作用。党内政治生活是一个"大熔炉"，每一名党员都要在党内政治生活中接受检验，增强党性修养，筑牢党性意识。正如习近平总书记 2019 年 7 月 9 日在中央和国家机关党的建设工作会议上所强调的："要严格执行党员教育管理监督，落实好'三会一课'等制度，使每名党员都成为一面鲜红的旗帜，每个支部都成为党旗高高飘扬的战斗堡垒。"要认真召开民主生活会和组织生活会，查摆问题要见人见事见思想，把工作摆进去、把自己摆进去、把思想摆进去，针对查摆出来的突出问题，深入进行党性分析，深刻挖掘问题根源。要用好批评和自我批评这个武器，坚持实事求是、与人为善的基本原则、坚持"惩前毖后、治病救人"的基本方针，按照"照镜子、正衣冠、洗洗澡、治治病"的基本要求，认真自我剖析、严肃整改，在原则问题上旗帜鲜明、敢于碰硬。要严格执行"三会一课"制度。突出政治学习和教育，突出党性锻炼，结合党员思想和工作实际。党课应当针对党员思想和工作实际，回应普遍关心的问题，注重身边人讲身边事，增强吸引力感染力。坚持好主题党日制度。每月相对固定1天开展主题党日，组织党员集中学习、过组织生活、进行民主议事和志愿服务等。党员、干部要做到工作再忙、事情再急、职务再高都不忘参加，防止和克服以抓工作代替自身建设、以忙忙碌碌代替党性修养提升、以参加党的工作学习和会议代替参加主题党日的不良现象。要有计划地增加主题党日活动的一些礼仪形式，增强严肃性，发挥宣传教化作用。要认真开展谈心谈话。谈心谈话应当坦诚相见、交流思想、交换意见、帮助提高。要掌握谈心谈话技巧，提前做好准备，把握好时机，选择好场合，注意沟通语言。要认真开展民主评议党员。通过党员教育和党内外群众的评议以及党组织的考核，对每个党员在工作中的表现和作用作出客观的评议，达到激励党员、纯洁组织、整顿队伍的目的。开展过程中，要做到坚持实事求是，坚持民主公开，坚持分类指导，坚持教育、管理、监督融为一体。要创新流动党员教育管理办法。落实双重管理要求，压实流入地、流出地党组织管理责任，使每名党员都纳入党组织的有效管理。要建立健全党内关爱关怀机制。要为党员的学习工作创造尽可能优越的条件，使党员处处感到组织的温暖和关怀。定期走访慰问党员，谈心交心。对生活困难党员和老党员要给予必要的人文关怀，救济救助，解决实际困难。

组织引导党员发挥先锋模范作用。党员的先锋模范作用指的是，党员按照党章要求，在生产、工作、学习等一切社会活动中，通过自己的努力和表现，影响和带动周围的群众，共同实现党的纲领和路线而奋斗的作用。共产党员的先锋模范作用是实现党的领导的重要基础，党的领导在很大程度上是通过党员的先锋模范作用来实现的。共产党员要努力成为坚定理想信念的模范，成为牢记党的根本宗旨的先锋模范，成为创造一流业绩的模范，成为实践社会主义核心价值观的先锋模范。基层党组织应当充分发挥党员的先锋模范作用，深入开展创先争优活动和主题实践活动，通过党员责任区、党员先锋岗、党员示范户、党员承诺、设岗定责、结对帮扶等，引导党员做好本职工作，干在实处、走在前列，创先争优，做到平常时候看得出来、关键时刻站得出来、危急关头豁得出来。鼓励和引导党员参与志愿服务。严密的组织体系是党的优势所在、力量所在。要坚持大抓基层的鲜明导向，抓实做好抓基层、强基础、固根本的工作，要不断探索创新基层党组织的设置方式，使党的组织体系和工作体系全覆盖，有效动员各领域基层党组织和党员在统筹疫情防控和经济社会发展中奋勇争先，在面对急难险重任务时冲锋在前，充分发挥好战斗堡垒作用和先锋模范作用。要建立拓宽党员发挥作用的平台。因地制宜、因类施策，做到发展的困点、难点在哪里，党的工作着力点、落脚点就在哪里。对推动业务发展、攻坚克难需求，党组织可以探索实行"揭榜挂帅""军令状"等管理方式，推行"悬赏制""赛马制"，为党员施展才能拓展空间，推动党员比学赶超、创先争优。

＜知识链接＞

什么是党员教育？包括哪些内容？有哪些方式方法？

一、党员教育

党员教育，是指一个政党为实现党的政治目标，通过有计划、持续性的教育和培养来增强党员党性，提高全党凝聚力和战斗力的活动。中国共产党党员教育是党的建设基础性经常性工作，是党的各级组织为保持党员队伍先进性和纯洁性，教育引导党员坚定共产主义远大理想和中国特色社会主义共同理想，增强党性、提高素质，认真履行义务，正确行使权利，充分发挥先锋模范作用的过程。

二、党员教育内容

党员教育内容，是指党组织根据党的建设要求和中心工作需要，结合党员思想、学习、工作、生活实际，精心挑选或组织开发的，用于教育党员或供党员学习的政治理论、党章党规党纪、党的宗旨、革命传统、形势政策、知识技能等方面内容，通常以文件、教材、课程等载体呈现，是党员教育基础性、关键性要素之一，具有较强的政治性、思想性、时代性。

三、党员教育方式方法

党员教育方式方法，是指开展党员教育时，在一定原则、理念指导下，根据不同教育任务、内容、对象，所选择的工作路径、所依托的活动载体、所运用的抓手举措等。科学合理的方式方法是实现精准施教、提高党员教育针对性和有效性的关键所在。

综合有关政策规定和实践探索，我们党的党员教育，从基本组织方式看，可分为：

（1）集中性教育。党组织按照党中央部署要求，组织党员认真参加党内集中学习教育，引导党员围绕学习教育主题，深入学习党的创新理论，查找解决自身存在的突出问题。

（2）经常性教育。发挥各级党组织的职责作用，特别是党支部直接教育党员的职责作用，对党员进行日常教育，提高党员思想政治素质，增强党员工作能力，发挥党员先锋模范作用。

从一般组织形式看，主要有：

（1）集中培训。结合实际，研究确定重点项目、对象和专题，以办班为基本方式，采取省级示范培训、市级重点培训、县级普遍培训、基层党委兜底培训的形式，开展党员集中培训。市、县党委或者基层党委每年组织党员集中轮训，主要依托县级党校（行政学校）、基层党校等进行。

（2）集体学习。以党组织为基本单位，通过理论学习中心组学习、召开会议等，把党员组织起来进行学习。中央政治局坚持集体学习制度，为全党作出表率。

（3）个人自学。倡导党员自主学习，引导党员根据自身实际和工作需要，制订学习计划，利用业余时间自主选择学习内容和方式，认真开展自学。

（4）组织生活。基层党组织特别是党支部，依托"三会一课"、主题党日、组织生活会、民主评议党员、谈心谈话等制度，组织党员进行学习交流，汇报思想、工作等情况，开展批评和自我批评，进行党性分析，不断强化党员意识、增强党的观念、提高党性修养。

（5）实践锻炼。结合不同群体党员实际，设立党员示范岗、责任区，推行设岗定责、承诺践诺、志愿服务等，引导党员做好本职工作，干在实处、走在前列，创先争优，在联系服务群众、完成重大任务中勇于担当作为，做到平常时候看得出来、关键时刻站得出来、危急关头豁得出来。

从具体教学方式看，主要有：

围绕增强吸引力感染力，运用讲授式、研讨式、模拟式、互动式、观摩式、体验式等教学方法，探索"课堂＋基地"实训模式；

加强案例培训，选好用好各条战线各个领域各个行业的生动鲜活案例；

开展典型教育，引导党员学习重大先进典型和身边榜样，运用反面教材加强警示教育；组织党员就近就便到红色基地学习、重温入党誓词、过"政治生日"；等等。

党的十八大以来，各级党组织坚持在党员教育方式方法上守正创新，抓好"三会一课"、主题党日、集体学习、集中培训等制度落实，搭建设岗定责、承诺践诺、志愿服务等实践平台，推动教育常态化、长效化。中央组织部组织开展"党课开讲啦"活动，推出访谈式、情景式、体验式等多种形式党课，使党课走进了车间工厂、田间地头、农家院落；加强典型教育，大力宣传张富清、黄大发、黄文秀等一大批重大典型先进事迹，广泛开展"学习身边榜样"活动，引导广大党员学习先进、争做先锋，形成示范引领效应；办好用好"共产党员"教育平台，指导一些地方和单位打造"先锋网""党建在线"等特色平台，建好管好覆盖全国乡村的70多万个远程教育终端站点，形成党员教育平台矩阵，助力党的声音直达基层，党员教育思想引领力、理论传播力、社会影响力不断增强。（来源：《党建研究》）

【典型案例】

上好党员教育"六堂课"

为进一步加强农村党员队伍建设，夯实基层党组织战斗堡垒，山东省临沂市郯城县庙山镇认真开展农村党员集中培训，上好党员教育"六堂课"，让党员强筋壮骨、补钙铸魂。

加油补钙、常学常新，上好党员教育"必修课"。思想是行动的先导，认识是前进的指南。为补齐农村党员理论学习不足"短板"，党委书记以《奋进新时代，担当新作为》为题为全镇党员上党课，镇组织委员、镇纪委书记分别带领广大党员集中学习《中国共产党支部工作条例（试行）》《中国共产党农村基层组织工作条例》《中国共产党纪律处分条例》等理论"必修"知识，强调要弘扬"支部建在连上"的光荣传统，全面提升党支部组织力，强化党支部政治功能。同时，为农村党员列出"负面清单"，筑牢廉洁"防火墙"、架设廉洁"高压线"、树立廉洁"风向标"。

因材施教、对症下药，上好党员教育"选修课"。为进一步提高党员培训实效，丰富培训内容，培训前，各支部党建指导员深入农村党员中广泛开展培训需求调研，坚持党员培训课程"私人订制"，合理制订培训方案。培训围绕建设"四个合格"党员、农村"三资"管理、"沂蒙精神"传承等内容展开，满足不同党员需求。针对种植户、养殖户等有专业技能的党员，按照实际、实用、实效的原则，积极邀请县农业局专家学者，深入田间地头进行指导，提升农村党员带领群众共同致富能力。

传承基因、外出取经，上好党员教育"见习课"。为帮助村（社区）党组织书记开阔眼界、拓宽思路，更好地发挥带头致富"领头雁"效应，镇党委书记带领党员到李庄镇、重坊镇、胜利镇等乡镇先进村居考察学习，"对标赶超"、借鉴"良方"，把好的经验做法转化为乡村振兴发展的新动力；组织党员走进郯城县党性教育基地，开展"传承红色基因，进基地寻初心"主题党性教育活动，鼓励党员进一步坚定理想信念，在中国特色社会主义新时代，不断传承"沂蒙精神"红色基因，继续践行共产党人的初心和使命。

线上学习、献计献策，上好党员教育"自习课"。为进一步提高党员学习自觉性、主动性、趣味性，庙山镇不断拓宽党员学习渠道，开设党员培训"线上课堂"，依托"学习强国""灯塔—党建在线"两大学习平台，组织党员以支部为单位开展"线上学习大比武"活动，极大地激发了党员学习热情，在全镇营造了"比学赶超"的浓厚学习氛围。组织党员观看《身边》《沂蒙六姐妹》等教育视频，并撰写培训心得体会，进一步深化培训效果。培训后，党员填写《党支部工作征求意见表》，共收集建设性意见建议216条，支部根据收集到的意见建议，提出具体整改措施，明确完成时限，增强党支部凝聚力。

查缺补漏、送学上门，上好党员教育"补习课"。春节过后，借助农村党员回家团圆的"东风"，组织开展流动党员集中培训，并传达了庙山镇2018年经济社会发展情况，感受家乡日新月异的可喜变化，强化流动党员教育监督管理，增强流动党员归属感。培训后，对培训内容进行统一测试，测试成绩在全镇范围内公布，保障培训内容入脑入心。针对"夕阳红"党员年龄偏大、集中学习困难的实际情况，开展了送学上门活动，同时，对生活困难的高龄党员，开展"关爱老党员，情暖夕阳红"活动，发放党员关爱基金3.2万元，充分体现党组织对"夕阳红"党员的关怀和爱护，确保每一名党员不掉队。

争先树优、甘于奉献，上好党员教育"实践课"。利用党员固定活动日，开展"郯城大发展，争做最美党员"主题活动，每名党员填写《我是党员我承诺》志愿服务承诺卡，充分发挥党员先锋模范作用，有效提升村民的获得感和幸福感。培训结束后，组织党员以支部为单位，先后组织开展巡河清河、义务植树、清洁家园、公益电影放映等志愿服务活动23次，党员累计服务730余人次，切实将培训理论成果转化为党员的自觉行动。

乡村振兴的主战场在农村，农村广大党员是新时代农村建设的排头兵。通过上好党员教育"六堂课"，庙山镇全体党员进一步提高了党员修养，增强了党性观念，树立了党员形象，提高了党员整体素质和带头致富奔小康的能力，为切实增强基层党组织的凝聚力、战斗力，实施乡村振兴战略奠定坚实基础。（来源：共产党员网）

点评：加强党员教育管理，是一项经常性基础性的工作。山东郯城通过上好党员"六堂课",即针对不同群体党员上好必修课、选修课、见习课、自习课、补习课、实践课,进一步增强了党员教育的针对性实效性,提高了党员修养,增强了党员的党性观念,树立了党员形象,提高了党员整体素质和带头致富奔小康的能力。

"六堂课"反映出在加强党员教育管理方面的精准性、针对性,干好基层党建工作也是如此,要把握共性和个性的关系,精准精细精益精心,方能切实取得实实在在的成效。

如何疏通党员队伍出口

本篇主要观点:

处置不合格党员的政策依据、重大意义、程序规范。

《中国共产党章程》第九条规定：党员缺乏革命意志，不履行党员义务，不符合党员条件，党的支部应当对他进行教育，要求他限期改正；经教育仍无转变的，应当劝他退党。劝党员退党，应当经支部大会讨论决定，并报上级党组织批准。如被劝告退党的党员坚持不退，应当提交支部大会讨论，决定把他除名，并报上级党组织批准。

党员如果没有正当理由，连续六个月不参加党的组织生活，或不交纳党费，或不做党所分配的工作，就被认为是自行脱党。支部大会应当决定把这样的党员除名，并报上级党组织批准。

《中国共产党纪律处分条例》中，不合格党员出口对应党纪处分中的"开除党籍"。违反党的政治纪律、组织纪律、廉洁纪律、群众纪律、生活纪律等方面，情节严重的均可给予开除党籍的处分。对于严重的党员犯罪则直接给予开除党籍处分。

2013年中央办公厅下发的《关于加强新形势下发展党员和党员

管理的工作意见》规定：及时处置不合格党员。健全党员能进能出机制，使党员队伍更加纯洁。对无正当理由连续 6 个月不参加党的组织生活，或不交纳党费，或不做党所分配的工作的党员，按自行脱党处理，并予除名。对理想信念不坚定、不履行党员义务、不符合党员条件的党员，党组织应对其进行教育，要求其限期改正；经教育仍无转变的，应当劝其退党；劝而不退的予以除名。对那些思想品德败坏、无可救药的蜕化变质分子、腐败分子，要坚决从党的队伍中清除出去。

2014 年，中组部印发的《关于做好处置不合格党员工作的通知》，明确认定不合格党员的 6 条标准。

2019 年 5 月，中共中央印发《中国共产党党员教育管理工作条例》明确规定，对缺乏革命意志，不履行党员义务，不符合党员条件，但本人能够正确认识错误、愿意接受教育管理并且决心改正的党员，党组织应当作出限期改正处置，限期改正时间不超过 1 年。对给予限期改正处置的党员应当采取帮助教育措施。

处置不合格党员应当执行以下程序

1. 党支部在民主评议党员工作中，根据个人自评、党员互评、民主测评结果，由支委会对有不合格表现的党员作出初步认定。

2. 党支部对党员不合格表现进行调查，形成调查核实材料，支委会提出初步处置意见。基层党委（具有审批预备党员权限的党委，下同）可派人参加。

3. 党支部将初步处置意见、调查核实材料报基层党委预审。对拟作出劝退、除名处置的，由基层党委报上一级党委组织部门预审。

4. 经预审同意后，党支部召开支部大会，通报对拟处置党员调查核实和预审情况，讨论处置意见并进行表决。

5. 对作出限期改正处置的，由基层党委集体研究审批；对作出劝退、除名处置的，由基层党委集体研究提出审批意见，报上一级党委组织部门审查批准。党支部接到审批意见后，要及时通知被处置党员，并以适当方式宣布。

不合格党员严重影响着党员队伍的肌体细胞，严重损害了党的先进性和纯洁性，严重影响了党的执政地位巩固和执政使命实现。现实生活中，仍有少数党员思想退化、工作退步，难以发挥应有的先锋模范作用，严重影响了党组织的纯洁性和战斗力。少数党员干部中存在"低级红""高级黑"，对党不忠诚不老实，存在"七个有之"，在党不言党、不爱党、不护党、不为党，组织纪律散漫，不按规定参加党的组织生活，不按时交纳党费，不完成党组织分配的任务，不按党的组织原则办事等问题，造成这种现象最主要的原因就是党员队伍的"出口"不畅，不合格党员不能及时清除出党。

我们党自 1921 年建党以来，就高度重视不合格党员的清退工作。毛泽东指出："一个无产阶级的党也要吐故纳新，不清除废料，就没有朝气。"党的十八大以来，以习近平同志为核心的党中央把全面从严治党纳入"四个全面"战略布局之中，以抓铁有痕的力度韧劲部署了加强新形势下党员发展和管理工作，旗帜鲜明地提出"及时处置不合格党员"。党的二十大报告指出："严肃稳妥处置不合格党员，保持党员队伍先进性和纯洁性。"处置不合格党员是保持党的先进性和纯洁性的必要措施，是夯实党执政的组织基础，全面建成社会主义现代化强国、以中国式现代化推进中华民族伟大复兴的坚强组织保证之一。

经常有人议论党员队伍现状时，都认为确实存在一定数量的不合格党员，思想松懈、组织涣散，应该严肃处置。然而到真正要进行处置时，雷声大雨点小，不合格党员的数量几乎为零，除了一些因违法犯罪被开除党籍的不合格党员外。造成这种现象的原因，除了思想认识不到位，领导决心不大，工作力度不够，没有坚持真管真严、敢管敢严之外，另一个方面就是标准尺度的问题。必须要科学划定不合格党员的界限。

党员有下列情形之一的，可以客观准确地认定不合格党员：第一，理想信念缺失，对马克思主义缺乏信仰，对中国特色社会主义缺乏信心，推崇西方价值观念和社会制度，热衷于组织、参加宗教活动和封建迷信活动。第二，政治立场动摇，在思想上政治上行动上不能自觉与党中央保持一致，不能严格遵守党的政治纪律和国家法律法规，传播政治谣言及有损党和国家形象的言论。第三，宗旨观念淡薄，服务群众意识差，利己主义严重，与民争利甚至损害群众利益，在人民群众生命财产安全受到威胁时临危退缩。第四，工作消极懈怠，不思进取、不负责任、不敢担当，在生产、工作、学习和社会生活中不起先锋模范作用，落后于普通群众。第五，组织纪律散漫，不按规定参加党的组织生活，不按时交纳党费，不完成党组织分配的任务，不按党的组织原则办事，甚至参加非组织活动。第六，道德行为不端，违反社会公德、职业道德、家庭美德，贪图享受，奢侈浪费，沉迷低级趣味，生活作风不检点。根据上述标准，通过民众评议做好的方式清除不合格党员。强化民主评议制度，要抓好三个重点环节：一是抓好调查摸底，详细了解和掌握对党员的表现情况，增强评议的针对性；二是丰富民主评议的方式方法，既要面对面地评议，还要一对一地评议，提高评议的真实性；三是尊重事实，严格掌握政策依据，严肃处置，防止失之于宽、失之于软。

处置不合格党员、疏通党员队伍出口是一项政策性、专业性极强的工作。各级党委应加强领导，建立健全疏通党员队伍出口的工作责任制。各级党组织主要负责同志为第一责任人，对领导工作范围内的疏通党员队伍出口工作负总责。推进工作过程中注重发挥党委各个部门的整体力量，齐抓共管，形成合力。要注意把握处置不合格党员政策界限。善于区分主客观原因、个人原因和组织原因、一时一地表现和一贯表现，坚持实事求是，做到具体问题具体分析，确保处置结果经得起历史检验。比如，要把思想上跟不上形势、认识模糊、对党的方针政策和决议贯彻执行不力的，同已经丧失信仰信念、反对或抵制党的路线方针政策和上级党组织决议的区别开来；对党员所在单位或居住地党组织不健全、组织生活不正常和党员本人主观上不愿意履行义务、不参加党的活动的区别开来；注意把因党员年老体弱、长期患病、行动不便而无法正常参加组织活动、不能履行党员义务的，同革命意志衰退、起不到党员作用的区别开来。处置好不合格党员的前提是深化党组织标准化规范化建设，使之全面过硬，切实发挥作用。必须先解决党组织软弱涣散，再民主评议党员。在解决基层党组织自身的问题之前，不可轻易进行党员评议。

< 知识链接 >

疏通党员队伍出口 确保党员队伍纯洁（节选）

一、一些不合格党员长期滞留党内的原因

改革开放以来，我国经济和社会生活发生了深刻变化。在新的历史条件下，由于各种主客观因素的影响，不合格党员在增多。各地调查表明，目前党内实际存在的不合格党员的数量，要远远高于已评出的不合格党员的数量。从江西等9个省、区、市1999年实际处置不合格党员的情况看，不合格党员占党员总数的比例一般为3‰–5‰，而根据各地的分析和调查，党内实际存在的不合格党员占党员总数的比例还要更高。大量不合格党员的存在，对党的领导和自身建设造成了严重影响。一是影响到党的执政地位的巩固。二是影响到党员先锋模范作用的发挥和党员队伍战斗力的提高。三是影响到党在人民群众中的威信。四是影响到党的路线方针政策的贯彻落实和各项工作的开展。经过调查分析，我们认为，大量不合格党员的存在，一个重要的原因是出口不畅，不合格党员不能及时清除出党。这种状况的存在主要有以下几方面的原因：

1.思想认识上存在障碍。一是一些地方的党组织对从严治党、严肃处置不合格党员的重要性认识不足。二是一些基层组织对处置不合格党员有畏难心理。三是一些基层组织对不合格党员抱有同情心理。四是一些党组织怕处置不合格党员会影响本单位的形象和领导的政绩。

2.衡量标准难以把握。一是判定不合格党员的标准可操作性不强。尽管《党章》等党内法规对党员标准有明确规定，但定性多、

定量少，伸缩性较大、难以操作。二是标准缺乏针对性。不合格党员在不同地区、不同行业、不同层次的具体表现各不相同，但处置标准近乎相同，用同一个标准去衡量，缺乏针对性。三是标准的内涵界定滞后。在发展社会主义市场经济的条件下，各种新情况新问题不断出现，而认定不合格党员的标准没有充分反映这些新情况，容易造成处置工作的滞后。四是认定标准存在随意性。

3. 正常的党员出口机制没有建立起来。目前主要是通过民主评议的方式认定不合格党员，并对其进行处置，方式比较单一。同时，民主评议党员不是处理不合格党员的专项制度，党组织在实际操作中把主要精力放在评议教育方面；民主评议制度本身也有局限性，处置不合格党员的程序过于烦琐，操作困难。

4. 入口把关不严、教育管理不力。一些地方在发展党员时没有正确处理好数量与质量的关系，在发展党员工作中把关不严，标准降低，使本来就不具备入党资格的人混入党内，再加上长期忽视对党员队伍的教育管理，造成不合格党员增多。

5. 从严治党的方针没有落到实处。由于部分基层党组织软弱无力，抓党建工作责任制得不到很好的落实。从机构设置上讲，民主评议和处置不合格党员的专门机构撤销后，这项工作由党员教育管理部门负责，实际上是组织部门唱"独角戏"，与纪检等部门未形成合力。加上专职组织员制度在很多地方和单位并未落实，导致处置不合格党员的工作时紧时松。

二、对疏通党员队伍出口的意见和建议

1. 统一思想，提高认识，切实加强对疏通党员队伍出口工作的领导。疏通党员队伍出口工作之所以难，主要是思想认识不到位，领导决

心不大，工作力度不够。要建立和完善疏通党员队伍出口工作责任制，各级党组织主要负责同志为第一责任人，对领导工作范围内的疏通党员队伍出口工作负责。各级党委在抓这项工作时，要立足于党委的整体工作部署，发挥党委各个部门的整体力量，齐抓共管，形成合力。

2. 科学划定不合格党员的界限。划定不合格党员界限应把握一些基本的原则。一是宏观指导性和微观可操作性的统一。界限的划定对基层疏通党员队伍出口工作应有普遍的指导意义和正确的导向性，同时，在具体内容的把握上要尽可能具体、明确，增强可操作性。二是原则性与灵活性的辩证统一。所谓原则性，就是划定不合格党员界限要以《党章》为指导；所谓灵活性，就是要坚持从实际出发，根据不同行业、类型、层次等党员的特殊性要求，有针对性地划定不合格党员的具体界限。三是稳定性和动态性的统一。不合格党员界限的划定既要在一定的时间跨度上具有相对的适应性和稳定性，又要根据情况的发展变化而适时调整。

3. 借鉴"三讲"集中教育的成功经验，改进和完善民主评议党员制度。尽管民主评议党员制度在一些地方存在着流于形式和走过场的问题，但通过民主评议党员来处置不合格党员仍是目前疏通党员队伍出口的主要方式。因此，这项制度必须坚持，同时要不断加以改进。在调查摸底阶段，要突出一个"细"字。只有对党员的情况有了详细的了解和掌握，评议时针对性才强，效果才明显。在评议阶段，要突出一个"议"字。可以借鉴"三讲"教育的经验，既进行面对面的评议，又进行背靠背的评议，提高评议的真实性。在处理阶段，要突出一个"严"字，严格以事实为依据，严格掌握政策界限，严肃处置不合格党员，防止失之于宽，失之于软。同时，还要认真研究民主评议党员工作的周期和程序。

4.形成集中整治和及时处理相结合的机制。集中整治就是集中一段时间对党员队伍进行一次清理。主要有两种情况：一是重大政治斗争或重大自然灾害之后，在全党范围内进行一次集中整顿，看党员在其中的表现，对不合格者予以严肃认真处理；二是定期重新登记，颁发党员证，对不愿登记的视为自行脱党。及时处理就是指在日常工作中对不合格党员发现一个，处理一个，在时间上不拖延，在影响上不扩散。

5.采取分类管理的原则。一是对工作正常、生活稳定的党员采取目前常规的管理办法。工作正常、生活稳定的党员自愿脱离党组织的，及时办理有关出党手续或实行登记制度后采取不予登记、不发放党员证的办法处理；对不愿离开党组织，但又不能发挥党员作用，留在党内影响党的形象的，采取民主评议的方式让其出党。二是对那些工作不稳定、流动性大的党员，应根据不同情况采取灵活多样的管理办法。

三、严肃处置不合格党员需要深入研究的几个问题

1.关于正确把握处置不合格党员的政策界限问题

一是注意把思想跟不上形势、认识模糊、对党的方针政策和决议贯彻执行不力的，同已经丧失共产主义信仰和党性立场、反对或抵制党的路线方针政策和上级党组织决议的区别开来；

二是注意把由于党组织不健全或软弱涣散造成党员不能履行义务、不能参加党的活动的，同党员本人主观上不愿意履行义务、不愿参加党的活动的区别开来；

三是注意把由于经验和能力不足所限造成工作上的损失和失误的，同本人思想品质不好，以权谋私、玩忽职守、损害国家和人民

利益的区别开来；

四是注意把因年老体弱或长期患病等实际困难无力完成党组织分配的工作、不能经常参加党的活动的，同革命意志衰退、不起党员作用的区别开来；

五是注意把愿意接受教育决心改正错误的，同拒绝接受教育不愿改正错误的区别开来；

六是注意把党员本人应负的责任，同党组织应负的责任区别开来；

七是注意把由于某些客观原因在一段时间内不起党员作用的，同长期消极落后不起党员作用的区别开来。

2. 关于处置不合格党员、疏通党员队伍出口相关配套制度和政策问题

（1）把整治软弱涣散基层党组织工作制度化，全面提高基层党组织的战斗力。要做到先整治好基层党支部，再进行党员评议；在解决基层党组织自身的问题之前，不轻易进行党员评议。

（2）建立、健全党员队伍"进""管""出"三位一体的管理机制。要在把好入口关的前提下，切实加强对党员的教育管理，全面提高党员素质。同时要加大疏通党员队伍出口的力度，将那些经教育无效的党员清理出党的队伍，保证党员队伍的纯洁性。

（3）建立对不合格党员的帮教制度和出党人员的定期回访制度。根据一些地方试点的经验，对限改党员的帮教制度，主要有以下几个方面：一是建立限改帮教目标责任登记卡，由党支部指定两名思想政治素质高、责任心强的正式党员与一名限改党员"结对子"，进行专门帮教。二是以县市委党校、基层党校为阵地，组织限改党员办班学习，集中帮教。三是基层党委书记、党支部书记定

期找限改党员谈心，通过领导谈心帮教。四是以定期和不定期相结合的形式，组织各类帮教人员交流帮教情况，不断完善帮教方法和措施。对劝退、除名的党员实行定期"回访"制度，使这些人员出党后，仍然感受到党组织对他们的教育、关怀，促其彻底认识自己的错误，努力争做一个好公民。

（4）对党内相关法规的衔接配套问题进行研究。目前对党员的处理主要有两种渠道：一是对违纪党员的党纪处分，一是对不合格党员的组织处置。前者主要依据《党章》及党内有关的纪律和条规，主要由纪检部门来实施；后者主要依据民主评议党员的有关制度规定，主要由组织部门来实施。二者总体上是比较协调的，但在工作中也还有衔接配套不够的地方。对这类问题要加强研究，理顺党内相关法规和制度的关系，为严肃处置不合格党员提供有力的制度保证。

（来源：《内部文稿》）

【典型案例】

中铁置业上海公司党委强化党员监督管理见实效

中铁置业上海公司党委积极探索党员教育管理新路子，于2018年1月制定实施"十条措施"进一步加强党员日常管理监督，突出党员先进性，保持党员纯洁性，严肃党内政治生活。一年多来，公司严格执行"十条措施"，取得预期效果。

要求员工做到的，党员必须先做到。严格遵守工作纪律。各支部每月末逐个了解、审核党员出勤情况。针对个别党员因工作安排不能正常考勤，开展沟通谈话，及时提醒强调。一年来，公司52名党员无一迟到早退，生产任务紧张的项目党员加班加点作表率树榜样。规范着装和仪表。党员参加党建活动和出席大型会议，工装整齐统一，徽章佩戴准确，精神风貌和形象礼仪大幅提升。外出主动登记备案。党员离开工作地，主动到支部登记备案外出去向、往返时间和主要原因，无一党员随意外出、无故离岗，无一党员离岗后违法违纪，实现党员动向全程可控。

模范遵守政治纪律和政治规矩。严格党内活动请销假制度。过去一年，上海公司为生产经营抢进度、提效率、保落实，常常"超常规"运作，但党员均能积极克服"工学"矛盾。认真填写支部活动记录，通过支部检查、集中验收等方式，重点抓好党员的记录完善。扎实推进党建主题活动。公司党委紧密围绕年度重点难点任务，开展"争先锋、强堡垒、提质增效促发展"党建主题活动，引领带动广大党员向中心聚焦、为大局出力，推动党建工作与中心工作深度融合、同步提升。

牢牢掌握意识形态工作领导权。全体党员年初向所在支部签字承诺，清晰"红线"，牢记"禁令"，树立"底线"意识，全年没有党员发生违规违纪现象。年末根据本人承诺，对照检查。定期组织谈话询问。各支部每季度通过相互沟通谈话，查看工作实绩，听取其他党员意见等方式，检查各位党员的意识形态工作具体落实情况，并在党务公开栏公示，发现苗头的及时反馈，强化整改。

（来源：人民网－中国共产党新闻网）

点评：党员的先进性，既要靠自己学习进步，也要靠组织的培养监督。中铁置业上海公司通过制定实施"十条措施"，突出党员先进性，保持党员纯洁性，取得了较好效果。各级党组织在工作当中一定要认识到全面从严治党，严是主基调。教育百次，不如处罚一次。只要每一名党员都能发挥作用，我们在前进的道路上就能无往而不胜。

第十八讲　为什么要尊重党员主体地位

💬 本篇主要观点：

要深刻认识到我们党 100 多年的历史，什么时候党员主体地位得到保障，党员的积极性和主动性充分发挥，党的事业就兴旺发达，即使出现问题，也能及时得到纠正；什么时候党员主体地位遭到削弱，党就会走弯路，党的事业就会遭受挫折。保障党员权利是尊重党员主体地位的核心环节，要把保障党员权利的行为贯穿在日常的工作当中。

党的二十大通过的《中国共产党章程》明确指出，必须充分发扬党内民主，尊重党员主体地位，保障党员民主权利，发挥各级党组织和广大党员的积极性创造性。其中规定党员享有 8 项权利。

《关于新形势下党内政治生活的若干准则》单独设"发扬党内民主和保障党员权利"专门章节，强调必须尊重党员主体地位、保障党员民主权利，落实党员知情权、参与权、选举权、监督权，保障全体党员平等享有党章规定的党员权利、履行党章规定的党员义务，坚持党内民主平等的同志关系，党内一律称同志。任何党组织和党员不得侵害党员民主权利。

《中国共产党党员权利保障条例》对以上要求进行了具体化规

定，其中在第二章明确规定，党员享有党章规定的各项权利必须受到尊重和保护，党的任何一级组织、任何党员都无权剥夺。并用13个条文将党章规定的 8 个方面党员权利进一步明确细化，即：党内知情权、接受党的教育培训权、党内参加讨论权、党内建议和倡议权、党内监督权、党内提出罢免撤换要求权、党内表决权、党内选举权和被选举权、党内申辩权、党内提出不同意见权、党内请求权、党内申诉权、党内控告权。

尊重党员主体地位，是发扬党内民主的基础，是保障党员权利的前提。党的十七大报告中首次提出"尊重党员主体地位"。我们党是世界上最大的马克思主义执政党。党员是党的肌体的细胞，党的先进性和纯洁性要靠千千万万党员的先进性和纯洁性来体现，党的执政使命要靠千千万万党员卓有成效的工作来完成。尊重党员主体地位，保障党员权利，对推进伟大自我革命和伟大社会革命，以中国式现代化推进中华民族伟大复兴，有着重大的历史意义和现实需要。我们党有 9600 多万名党员，490 多万个基层组织，只要每个基层党组织和每个共产党员都有强烈的宗旨意识和责任意识，都能发挥战斗堡垒作用、先锋模范作用，我们党就会很有力量，我们国家就会很有力量，我们人民就会很有力量。

习近平总书记在十八届中央纪委三次全会上的重要讲话中指出，在党内，所有党员都应该平等相待，都应该平等享有一切应该享有的权利、履行一切应该履行的义务。回顾我们党 100 多年的历史，什么时候党员主体地位得到保障，党员的积极性和主动性充分发挥，党的事业就兴旺发达，即使出现问题，也能及时得到纠正；什么时候党员主体地位遭到削弱，党就会走弯路，党的事业就会遭受挫折。尊重党员主体地位，必须要深入开展党内教育来培育党员主体意识，加大对普通党员的培训力度，使广大党员深刻认识到自身在党内的主体地位，了解自己在党内的权利和义务，充分认清一个党员的基本历史使命，厚植自己作为一个党员的认同感、自豪感和责任感。党员自身应增强党员意识主体意识，积极参与党内活动，提高党员自身素质，担负起党组织赋予的历史责任。基层党组织为党员发挥主体作用创建平台，使党员在党的工作中发挥主体作用，使广大党员的主体地位在推进中国式现代化的实践当中得到尊重和落实。比如说，开展党员示范岗、党员承诺制等创先争优活动等。要严格执行民主集中制，处理好民主和集中的关系。要涵养良好的党内政治文化，保证党的团结统一。

保障党员权利是尊重党员主体地位的核心环节。严格执行《中国共产党党员权利保障条例》，把尊重党员主体地位的要求体现到党内生活的各个方面，努力实现党员对党内事务的广泛参与、有效管理。保障党员权利，要坚持民主和集中相结合，既激发党员参与党内事务的热情，又要求党员按照党性原则行使权利；坚持义务和权利相统一，切实履行党章规定的义务，正确行使各项权利，在宪法和法律的范围内活动；坚持在党的纪律面前人人平等，不允许任何党员享有特权；坚持充分全面保障党员权利，完善权利保障措施，畅通权利行使渠道，增强工作实效。要落实好党员权利保障20条措施。保障党员权利的行为就体现在我们做好日常的党务工作当中，包括党务公开，严格党的组织生活制度，保证党员接受教育培训的学时和质量，作出重要决议决定前要充分征求党员意见，为党员发表意见提供条件，创新保障党员权利的方法手段，坚持民主集中制，支持鼓励党员提出建议和倡议，健全党代表、领导干部联系党员制度，严格执行选举制度规则，依法依规中止和恢复党员权利，在巡视巡查和检查督查中听取党员意见建议，严格落实党内民主监督各项制度，建立健全党员激励机制，保障党员免受诬告，在监督执纪中保障党员权利，跟踪回访、教育引导受处理处分党员，认真处理党员的申诉，注重维护流动党员权利，做好党内关怀帮扶。把握好两个层面的职责任务。

一是党的组织的职责任务，包括党委（党组）、党的纪律检查机关、党的工作机关、党的基层组织的职责任务。

二是领导干部的职责任务，领导干部应当以身作则，带头履行党员义务，正确行使党员权利，提高民主素养，平等对待同志，自觉同特权思想和特权现象作斗争，营造党员积极行使权利的氛围。履行好第一责任人的职责，加强对党员权利保障工作的调查研究和相关机制建设，推动解决问题，抓好本地区本部门党员权利保障工作的落实。要掌握党员权利受到侵犯的责任追究 8 个方面的情形。同时，党员不正确行使权利，损害党和国家利益，存在 5 个方面的行为的，应当依规依纪追究责任。

< 知识链接 >

《中国共产党党员权利保障条例》系列解读：发挥党员主体作用

在修订后的《中国共产党党员权利保障条例》（以下简称《条例》）中，党章规定的党员 8 项权利被准确细致描述："党员有党内知情权"，"党员有接受党的教育培训权"，"党员有党内参加讨论权"等。

这部法规将党章规定的党员权利明确细化，划出权利行使的边界，促进广大党员全面知悉和积极行使权利，为更好地保障党员权利奠定了坚实基础，有利于发挥党员主体作用，激活新时代广大党员干事创业的"新动能"。

坚持义务和权利相统一原则贯穿全篇

党的十八大以来，在以习近平同志为核心的党中央坚强领导下，全面从严治党不断深入推进，党员权利保障工作从认识到实践都得到深化和发展。在党员义务和权利的关系上，明确提出义务在先，义务和权利相统一，强调要正确认识义务与权利、责任与担当、行使权利与遵守纪律的辩证统一，这是党的建设的重要理论创新。

党章是在第三条和第四条规定了党员的八项义务和八项权利，并把党员义务规定在先，权利规定在后，强调在履行义务的前提下行使权利。

修订后的《条例》以党章为根本遵循，将"坚持义务和权利相统一"这一创新理论成果贯穿运用全篇。

修订后的《条例》第三条规定了党员权利保障应当遵循的原则，第二项就是"坚持义务和权利相统一，切实履行党章规定的义务，正确行使各项权利，在宪法和法律的范围内活动"。

修订后的《条例》通篇都体现着这一原则。一方面，立足党员权利保障专门法规的定位，明确党员享有广泛的充分的权利，充实完善保障措施。《条例》中的20项保障措施，每一项都围绕如何保障权利的正常行使进行设计。另一方面，在明确权利、保障权利的同时，还规定了行使权利的相关要求，强调党员行使权利必须以履行义务、担当责任、遵守纪律为前提。

比如，第四条规定，"党员应当增强党的观念和主体意识，将行使党章规定的权利作为对党应尽的责任，向党组织讲真话、讲实话、讲心里话，敢于担当、敢于负责，遵守纪律规矩，正确行使权利"。

第十一条规定，"党员进行批评、揭发、检举以及提出处理、处分要求，应当通过组织渠道，不得随意扩散传播、网络散布，不得夸大和歪曲事实，更不得捏造事实、诬告陷害"。

党员的义务和权利是辩证统一关系。党员应当把履行义务、担当责任、遵守纪律放在第一位，切实履行党章规定的义务，正确行使权利，在向第二个百年奋斗目标进军的新征程中发挥好先锋模范作用。

明确细化党员权利的同时划出行使边界

翻看修订后的《条例》全文，第二章"党员权利的行使"用专章对党员享有的各项权利作出具体规定，促进广大党员全面知悉权利内容，从而树立积极行使权利的意识。

第二章在2004年《条例》的基础上做了修改，首先是章名由"党员权利"改为"党员权利的行使"。把重音落在"行使"二字上，意味着强调党员要本着对党高度负责的政治责任感，积极主动地行使权利，充分发挥党员主体作用。

本章修订的一个突出亮点就是，修改了2004年《条例》分别用一个条文对应党章第四条规定的一个方面权利的体例安排，用13个条文将党章规定的8个方面党员权利，进一步明确细化为党内知情权、接受党的教育培训权、党内参加讨论权、党内建议和倡议权、党内监督权、党内提出罢免撤换要求权、党内表决权、党内选举权和被选举权、党内申辩权、党内提出不同意见权、党内请求权、党内申诉权、党内控告权等 13 项权利，党员权利名称更加鲜明、内容更加具体、边界更加清晰。

值得注意的是，修订后的《条例》还对权利表述方式作了创新，使得对权利的表达更加直观。具体到每项权利，都采用"权利名称＋权利内容"的方式进行表述，既能直观反映权利的实质，又能准确表达权利的内容。这样规定，使党员权利便于理解、易于掌握、利于行使，更加深入人心。党员行使权利不是随意和无限制的。修订后的《条例》在明确细化党员权利的同时，也划出了权利行使的边界，要求党员行使权利应当通过组织渠道，按照组织原则，符合有关程序等。

比如，第十一条规定党员行使党内监督权时，不得随意扩散传播、网络散布，不得夸大和歪曲事实，更不得捏造事实、诬告陷害。第十四条、第十七条、第十八条规定，党员行使党内被选举权、党内请求权和党内申诉权时，都要"经过规定程序"或者"按照规定程序逐级向本人所在党组织、上级党组织直至中央"提出。

强化正确行使党员权利的自觉

修订后的《条例》明确了党员有哪些权利、怎么行使权利。党员形成正确行使权利的自觉，发挥好党员主体作用，就成了题中应有之义。

党员必须正确行使权利，是全面从严治党的客观要求。现实中，一些党员由于不正确行使权利或者越过权利边界，给党内政治生态带来了严重危害。有的公开发表违背中央决定的言论，制造、传播政治谣言，丑化党和国家形象；有的为了达到蓄意报复、争权夺利等不可告人之目的，诬告陷害、恶意诽谤；有的搞有组织的拉票贿选，甚至用公款拉票贿选……

为防止党员行使权利变形走样，修订后的《条例》第三条要求，"党员按照党性原则行使权利""坚持在党的纪律面前人人平等，不允许任何党员享有特权"，这是在原则上对党员行使权利立下了规矩。

除此以外，修订后的《条例》第二章还在一些具体条文中，为党员行使权利作出了规范。

一系列"应当""前提""不得"构成了党员行使权利的"硬杠杠"，从而保证权利的行使不跑偏。第六条规定，"党员行使权利时不得侵犯其他党员的权利"；第九条规定，党员有党内参加讨论权，与此同时，"党员在讨论党的基本理论、基本路线、基本方略的过程中，应当自觉同党中央保持高度一致"。第十六条规定，党员有党内提出不同意见权，但这一权利的实现是"在坚决执行的前提下"。

除此以外，《条例》第四十六条还集中规定了党员不正确行使权利应当追究责任的五种情形，包括"公开发表违背党的理论路线方针政策和党中央重大决策部署的观点和意见""不按照组织原则和程序进行批评、揭发、检举、控告以及提出处理、处分、罢免、撤换要求，或者随意扩散、传播"，等等。（来源：共产党员网）

【典型案例】

坚持义务权利相统一　切实保障党员权利
（节选）

作为一名党员，要从严从实加强自我监督约束。近期出台的《中国共产党党员权利保障条例》（以下简称《条例》）是一部党员权利保障的重要党内法规。其中，第三条基本原则明确了"坚持义务和权利相统一，切实履行党章规定的义务"。在其他条款中，亦有明确的义务要求。对所有党员而言，严格履行义务是依法行使权利的保障；对纪检监察干部而言，依规依纪履行义务是充分尊重保障被审查调查党员权利的要求。

党员严格履行义务是依法行使权利的保障

《条例》明确了坚持义务和权利相统一的原则，党章第三条和第四条规定了党员享有的权利和必须履行的义务。笔者认为，与普通公民相比，党员存在一定程度的权利让渡和义务增持，只有严格履行义务，才能充分行使权利。

《条例》中多个条款规定了党员在行使权利时必须履行相应的义务，例如，第十一条第三款规定"党员进行批评、揭发、检举以及提出处理、处分要求，应当通过组织渠道，不得随意扩散传播、网络散布，不得夸大和歪曲事实，更不得捏造事实、诬告陷害。"第十六条第二款明确"党员不得公开发表同中央决定不一致的意见"等规定。

点评：党员是党的肌体的细胞。保障党员民主权利，更能激发党员主体意识，发挥党员作用。通过尊重保障党员应有的权利，既能以党内法治带动国家法治，又能在一定程度上，确保有关的处理结果让当事党员信服，提高教育意义。

如何充分发挥党员的先锋模范作用

💬 **本篇主要观点：**

党员的先锋模范作用具体体现为在生产、工作、学习和社会生活中起带头作用、骨干作用和桥梁作用。发挥党员先锋模范作用要从尊重党员主体地位、建强战斗堡垒、创新党建活动、严肃党内政治生活四个方面入手。

党员是党的肌体的细胞。党的先进性和纯洁性要靠千千万万党员的先进性和纯洁性来体现，党的执政使命要靠千千万万党员卓有成效的工作来完成。经过 100 多年的发展壮大，我们党从成立时只有 50 多名党员，到今天已经成为拥有 9600 多万名党员、领导着 14 亿多人口大国、具有重大全球影响力的世界第一大执政党，展现出风华正茂、欣欣向荣的蓬勃气象。在全面深化改革开放和发展社会主义市场经济条件下，党员队伍的思想观念、价值取向、就业方式、生活方式等都发生了深刻变化，如何充分发挥广大党员和各级党组织的积极性、主动性和创造性，关系到党的事业兴旺发达。面对中华民族伟大复兴战略全局和世界百年未有之大变局，党中央向全体共产党员发出号召，牢记初心使命，坚定理想信念，践行党的宗旨，永远保持同人民群众的血肉联系，始终同人民想在一起、干在一起，风雨同舟、同甘共苦，继续为实现人民对美好生活的向往不懈努力，努力为党和人民争取更大光荣。

党组织要调动党员的积极性、主动性、创造性，只有从组织层面认可党员的价值、尊重他们的主体地位，党员主体意识才能增强，党员对事业的责任心和使命感才能提高。要深入细致开展党内教育。以增强党性为第一任务，增强教育的针对性和实效性，使广大党员深刻认识到自身在党内的主体地位，了解自己在党内的权利和义务，充分认清一个党员的基本历史使命，厚植自己作为党员的认同感、自豪感和责任感。要涵养党内政治文化。坚持"三严三实"，大力弘扬忠诚老实、公道正派、实事求是、清正廉洁等价值观，充分利用各类党性教育基地对广大党员干部进行教育和熏陶，促进党员对党内政治文化的认同，增强价值观层面的一致性。要建立健全党内关爱关怀机制。党内关怀旨在引导人、关心人、激励人、帮助人、成就人和发展人，目的就是政治上促其进步、精神上给予激励，思想上促其提高，心理上经常疏导，物质上给予帮助，使党组织真正成为"党员之家"。要为党员的学习工作创造尽可能优越的条件，使党员处处感到组织的温暖和关怀。定期走访慰问党员，谈心交心。对生活困难党员和老党员要给予必要的人文关怀，救济救助，解决实际困难。

我们党开创的事业是前无古人的事业，没有既成的经验可循，需要全党上下勠力同心共同探索。只有创建好党内参与载体，才能为党员主体性的发挥创造平台，有效调动党员的积极性主动性创造性。"我们在有党员的各类企业里建立党组织，目的是为企业的党员提供管理和服务，团结凝聚员工遵纪守法，遵守企业规章制度，发挥党员先锋模范作用。这也有利于企业加强管理，有利于推动企业健康发展。"要不断探索创新基层党组织的设置方式，使所有党员都能方便地参与组织生活。特别是在党支部的设置调整过程中，要坚持所有新设立的机构必须同步设立党支部，对已有的党支部，要以行政单元为基础，进一步调整优化。根据重大任务需要，及时组建临时党支部。合理配置支部班子，由本部门本单位主要负责人担任党支部书记，并尽量吸收团支部书记、工会小组长担任支委，以推动党、政、工、团协同。要建立拓宽党员发挥作用的平台。采用党员先锋岗、党员责任区、党员承诺践诺等方式，对支撑发展需求的任务，党组织可以探索实行"揭榜挂帅""军令状"等管理方式，推行"悬赏制""赛马制"，为党员施展才能拓展空间，推动党员"比学赶超"，增强党员的责任感，发挥党员的先锋模范作用。

全体党员在组织纪律面前一律平等。不论是担负领导工作的党员，或者是普通党员，只有以平等态度互相对待，平等地享有一切应当享有的权利，履行一切应当履行的义务，党员的主体性才能得到尊重，党员的积极性主动性和创造性才能有效发挥。党的十八届六中全会审议通过的《关于新形势下党内政治生活的若干准则》强调，坚持党内民主平等的同志关系，党内一律称同志。党内互称同志，就是提醒党员、干部要时刻注意自己的第一身份是党员，不断强化党员意识，增强平等意识，自觉约束权力。党员是党内政治生活的主体。要积极在党内开展批评和自我批评，通过同志间的思想交流、相互帮助关怀和相互监督，尊重和保障党员的民主权利，保持和增强党内同志的团结。要严格落实"三会一课"、组织生活会、民主生活会、谈心谈话、民主评议党员等基本制度，引导党员不断地自我净化、自我完善、自我革新、自我提高，激发党员的积极性、主动性和创造性，为党和人民争取更大光荣。

＜知识链接＞

党员先锋模范作用的具体体现

　　共产党员的先锋模范作用，历史地具体地体现在革命、建设和改革的实践之中，体现在生产、工作、学习和社会生活之中，体现在各行各业广大党员的实际行动之中。一般情况下，党员的先锋模范作用具体体现为在生产、工作、学习和社会生活中起带头作用、骨干作用和桥梁作用。带头作用，就是党员要在生产、工作、学习和社会生活中，时时处处走在前、作表率，干给群众看、带着群众干；骨干作用，就是党员要在各项工作中挑大梁、担重任，努力创造出一流的工作业绩；桥梁作用，就是党员要密切联系群众，向群众宣传党的主张，及时向党组织反映群众的意见和要求。带头作用、骨干作用和桥梁作用共同构成了党员先锋模范作用的有机整体。

　　党员的先锋模范作用具有鲜明的时代特征。在新的历史时期，党员起先锋模范作用的根本要求就是带头贯彻执行党的基本路线和各项方针、政策，带头参加改革开放和社会主义现代化建设，用自己的模范行动去影响和带动群众，为实现"两个一百年"的目标任务而努力奋斗。改革开放以来，在抗击地震灾害和洪涝灾害，举办大型体育运动会、世博会，应对国际金融危机冲击中，广大党员担当重任、冲锋在前，奋勇拼搏、无私奉献，团结带领人民群众建功立业；在完成各项任务、推动日常工作、服务人民群众中，广大党员立足岗位，创先争优，充分展示了新时期共产党人的优秀品格和时代风范。

党员发挥先锋模范作用，需要基层党组织根据不同群体、不同岗位党员的特点，为党员创造条件、搭建平台。比如，农村党组织可通过设岗定责、"双带"等形式发挥党员作用，推进社会主义新农村建设；街道社区党组织可通过党员示范楼院、党员志愿服务等活动发挥党员作用，建设文明和谐社区；国有企业和金融机构党组织可通过党员责任区、党员攻关项目等发挥党员作用，增强国有经济活力、控制力、影响力；机关、事业单位党组织可通过设立党员先锋岗、党员示范窗口等发挥党员作用，改进机关、事业单位作风，提高机关、事业单位效能；等等。正如习近平总书记所强调的："只要每个基层党组织和每个共产党员都有强烈的宗旨意识和责任意识，都能发挥战斗堡垒作用、先锋模范作用，我们党就会很有力量，我国家就会很有力量，我们人民就会很有力量，党的执政基础就能坚如磐石。"（来源：《怎样履行党员义务》）

点评：每每看到疫情防控期间，我们各行各业共产党人的大无畏表现，眼里总是噙着泪水。共产党员的先锋模范作用就是要体现在急难险重上，正如文中所说："组织让我到哪里，我就到哪里，决不能退缩！""我是党员我先上"铿锵誓言至今仍响彻世人心间。各级党组织要积极为党员发挥作用搭建平台、创造条件，引导党员在积极投身改革事业中起表率作用，引导党员在模范遵守党纪国法中起引领作用，引导党员在完成中心工作和重大任务起带头作用。

第二十讲　如何发挥党支部支委委员作用

💬 **本篇主要观点:**

支部战斗堡垒作用的发挥离不开支委的共同努力。每一名支委委员不能只挂帅不出征,各级支委委员一定要牢固树立起责任意识,牢记自己的责任。在其位、谋其政、司其职、负其责。

党支部是党的基础组织,是党在社会基层组织中的战斗堡垒,是党的全部工作和战斗力的基础。党支部是党组织开展工作的基本单元。习近平总书记强调:"党的力量来自组织,党的全面领导、党的全部工作要靠党的坚强组织体系去实现。"抓好党支部建设,夯实党的组织基础,离不开各级支委委员。重视党支部、善抓党支部,是党员领导干部政治成熟的重要标志。各级支委委员要提高思想认识,真正履行职能,切实发挥作用,推动本单位部门支部工作各项任务落到实处。

思想是行动的先导。对党务工作认识的高度,决定了履职尽责的力度。党务工作是党的组织实施党的领导活动、加强党的建设的重要工作,具有鲜明的政治属性。党务工作是一个广泛的概念,通常情况下,把党的组织工作、宣传工作、纪律检查工作等各项内部事务性和业务性工作统称为党务工作。在实际工作中，党务工作是围绕党的建设而进行的一系列具体的党内管理活动。各级支委委员、党小组长都是党务工作者。严肃认真做好党务工作，是各级党支部和支委委员的政治责任，是贯彻全面从严治党方针的基本要求。要规范设置支委委员。支部委员会一般设组织、宣传、纪检、青年、群众工作等委员。委员人数少的，一个委员可兼任几个方面的工作。三人支部委员会，一般设书记和组织委员、宣传委员。不设纪检委员的党支部，有关纪律检查方面的工作，一般由组织委员负责。组织委员主要负责党员队伍建设，宣传委员主要负责思想政治工作。部门副职为党员的，要担任一个方面的委员职务。设了委员的党支部，就不能再安排其他人替代支委委员，兼职从事日常党务工作。要减轻基层干部负担，合理分配工作任务，关心关爱基层干部。

党务工作是一门学问。党支部委员作为党务工作者，必须要乐于此道、精于此道。组织委员要善于了解和掌握支部的组织状况，根据需要提出党小组的划分和调整意见，检查和督促党小组过好组织生活。要熟悉发展党员工作的程序和规定，每一步都有哪些程序和规定，应该十分明确。要熟悉党员教育管理的具体规定，对担任领导职务的党员怎样教育和管理，对普通党员怎样教育和管理，对流动党员怎样教育和管理，对出国出境、离退休党员怎样教育和管理，在实际工作中严格按照这些具体政策规定来办。要严格落实党的组织生活制度，抓住关键环节，化繁为简，坚持问题导向，务求取得实效。宣传委员要了解和掌握党员的思想状况。重点关注80后、90后、00后青年党员的价值取向，注重人文关怀和心理疏导，将社会主义核心价值观融入文化建设，满足新生代员工多元化需求，有针对性地抓好思想政治工作。党员获得功勋荣誉表彰或者受到组织处理、纪律处分的，应当及时鼓励、谈话提醒，进行教育帮助。积极挖掘、培育选树身边的典型人、典型事，善于通过微电影、微视频等"微"作品进行再现、展播，鼓励对标学习。纪检委员要协同组织委员、宣传委员向党员进行党性、党风、党纪教育，管理、检查、处理检举、控告和违反党纪的案件。对受党纪处分的党员要及时进行考察教育。

事业心是一个人做好工作的基础和前提。只有具有了事业心，才能方向明、动力足、干劲大。《中国共产党章程》明确指出："党的干部是党的事业的骨干，是人民的公仆，要做到忠诚干净担当。"支委委员作为党的干部队伍中的一员，理应厚植高度的事业心和责任感，牢固树立责任意识，认真做好自己的每一项工作。处在什么岗位就要履行什么职责，岗位就是责任，职务就是责任。各级支委委员一定要牢固树立起责任意识，牢记自己的责任。从大的方面来说，要牢记全心全意为人民服务的宗旨，树立远大目标，解决好"为什么、做什么、留什么"的问题。从小的方面来说，要牢记自己的委员职责，对于职能职责范围内的事，都要主动地去做，尽心尽力地去做，苦累面前多思得，工作当中多思责，"专心致志、以事其业"。做到在其位、谋其政、司其职、负其责。

＜知识链接＞

党支部委员会有哪些职责？

党支部委员的职数和设置

党支部委员的职数和设置，应根据党员人数和工作需要来确定。一般情况下，支部委员的职数应是单数，以3~5人为宜。最多不超过7人。可分别设支部书记、组织委员、宣传委员、纪检委员。支委多的还可以设副书记、青年委员、保密委员、统战委员等。党员人数不足7人的党支部，一般不设支部委员会，只设书记1人，必要时可增设副书记1人。支部委员会实行集体领导，有些工作不一定要设专门委员。

党支部委员会在党支部党员大会闭会期间，负责领导和处理党支部的日常工作。党支部委员会对党支部党员大会负责，同时，也向上级党组织负责，接受上级党组织领导和监督。其职责是：

1. 贯彻执行上级党组织的指示、决定和党支部党员大会的决议。

2. 做好对党员的教育、管理、监督、服务工作和发展党员工作，搞好党支部的自身建设。

3. 处理好党支部的日常事务，按期向党支部党员大会和上级党组织报告工作。

4. 开展经常性的思想政治工作，关心群众的政治、经济、文化生活。

5. 领导工会、共青团、妇女组织等群众组织工作，充分发挥其作用。

6.保证监督行政工作的正确方向和任务的完成。

党支部书记的职责

党支部书记在支部委员会的集体领导下，按照支部党员大会、支部委员会决议，负责主持党支部的日常工作。其主要职责是：

（1）负责召集支部委员会和支部党员大会；结合本单位的具体情况，认真贯彻执行党的路线方针政策和上级的决议、指示；研究安排支部工作，将支部工作中的重大问题，及时提交支部委员会和支部党员大会讨论决定。

（2）了解掌握党员的思想、工作和学习情况，发现问题及时解决，做好经常性的思想政治工作。

（3）检查支部的工作计划、决议的执行情况，按时向支部委员会、支部党员大会和上级党组织报告工作。

（4）经常同行政领导以及工会和共青团等群众组织保持密切的联系，交流情况，支持他们的工作，充分调动各方面的积极性。

（5）抓好支部委员的学习，按时召开支委民主生活会，搞好党支部领导班子的自身建设，充分发挥支部委员会的集体领导作用。

党支部副书记协助支部书记进行工作，书记不在时，由副书记主持支部的日常工作。

党支部组织委员的职责

党支部组织委员在支部委员会的集体领导下，负责支部的组织工作。其主要职责是：

（1）了解和掌握支部的组织状况，根据需要提出党小组的划分和调整意见，检查和督促党小组过好组织生活。

（2）了解和掌握党员的思想状况。协助宣传委员、纪律检查委员对党员进行思想教育和纪律教育；收集和整理党员的模范事迹材料，向支部委员会提出表扬和奖励的建议。

（3）做好发展党员工作，了解入党积极分子情况，负责对入党积极分子进行培养、教育和考察，提出发展党员的意见，具体办理接收新党员手续；做好对预备党员的教育、考察，具体办理预备党员的转正手续。

（4）做好党员管理工作，根据本支部实际情况，做好民主评议党员工作；认真搞好评选先进党支部、先进党小组和优秀党员活动，接转党员组织关系；收缴党费，定期向党员公布党费收缴情况；做好党员和党组织的统计工作。不设纪律检查委员的党支部，有关纪律检查方面的工作一般由组织委员负责。

党支部宣传委员的职责

党支部的宣传委员在支部委员会集体领导下，负责支部的宣传工作。其主要职责是：

（1）了解掌握党员和群众的思想状况，根据不同时期党的工作重心和任务及上级党委的指示，宣传党的路线方针政策，提出宣传教育工作的计划和意见。

（2）组织党员学习党的基本理论、基本知识和时事政策，组织党课学习，做好思想政治工作。

（3）围绕本单位的中心工作，开展多种形式的宣传鼓动活动，活跃党员和群众的文化体育生活。

（4）充分利用广播、电视、黑板报等宣传工具，办好本单位的宣传阵地。

（来源：旗帜网，党建网微平台）

【典型案例】

三举措发挥基层党组织支部委员作用

一碗水乡以党支部作为基层建设的基本单元，党员作为党的基础细胞，"三举措"做到基层党组织坚强有力、支部委员积极发挥作用，不断激发支部战斗堡垒作用和党员先锋模范作用，助力乡村振兴。

落实制度，发扬民主作风，调动参与议事积极性。一是端正思想促发展。充分尊重支委的民主权利，充分发挥支委作用，积极营造工作上密切配合、生活中相互关心的良好氛围。二是广纳良言给激励。党支部书记善于"纳谏"，对支委提出的意见要认真听取，对合理性建议要积极采纳，使他们的"一票之权"得到尊重，聪明才智得以发挥，说了不白说。从而激发积极性和责任感，形成群策群力、各尽其能的良好氛围。三是落实制度搭平台。严格落实民主集中制，遵循议事规则和程序，从制度上保障支委平等议事的机会，提供能说话的平台，让他们有效行使权利，参与议事。

突出作用，找准角色定位，调动参与做事的积极性。一是加以引导明确职能职责。党支部书记引导和鼓励支委积极参与支部工作，让他们明白支部内部只是分工不同，工作讲究相互配合。认真组织学习上级关于支委的知识精神，增强履职尽责的光荣感和责任感，引导当好思想动态的信息员、支部决议的宣传员、敏感事务的监督员和党员、群众与组织之间的联络员以及落实支部决议的引导员，充分发挥支委作用。二是突出学习强化职责意识。突出学习党支部委员五条职责，逐条学习掌握，逐条对照检查，逐条整改提高。组织经验交流和案例讲解，引导支委从感知和认识两个层次、从理论和实践两个层面明确岗位要求、强化尽责意识。三是走出误区消除思想顾虑。围绕"如何贯彻民主集中制""如何参与党支部集体领导"等内容进行辅导授课，引导支委切实从心理误区中走出来，消除存在的思想顾虑，放手去干，大胆去做。

狠抓实践，指导帮教到位，提高履职尽责的能力。一是在模拟演练中培养能力。结合主题党日活动，创新管理，组织支部开展模范党组织生活模拟演练，有意识地让支委充当党支部"书记""副书记"，真实感受党组织生活的组织程序、议事原则等规范内容，体会支部不同岗位所履行的职责，使支委掌握和熟练支部党务工作的基本方法和技巧。二是在工作任务中增强能力。注重支委工作能力的培养，通过开设"党员讲党课"，鼓励支委带头为党员讲课，锻炼其语言能力，安排支委为党员讲授党课，在备课和讲授中，提高政治素养，安排支委策划组织党日活动，增强其组织力和执行力。三是在具体帮教中提高能力。对一些需支委参与的工作，既要交任务，又要教方法，帮助他们理清思路、拓宽思维、找到对策。对支委在工作中遇到的难题和困惑要跟进指导，坚持具体问题具体分析，结合实际帮、针对问题帮，让他们在实践中增长才干，提高履职尽责的能力。（来源：《贵州日报》）

点评：当前支委大多是兼职，一定程度上存在对支部工作不上心、只挂名不出力的情况。一碗水乡多措并举引导发挥支部委员作用，有效激发了支部战斗堡垒作用和党员先锋模范作用。通过这个案例，我们能得到很多的启发。要想支部工作扎实有力，就必须要集众智、凝众力，善于调动每一个支委委员的应有作用，齐心协力把支部工作干好。

第二十一讲　如何调动党务干部的积极性主动性

💬 **本篇主要观点：**

党务干部是一个单位的"宝贝"，必须要善待。更多从关心、培养角度出发，减轻党务干部压力，帮助党务干部提升。党务干部也要自强不息，树立比学赶超意识，善于学习、勤于钻研。

党务干部，是指基层党委书记、党委委员、党支部书记、党支部委员、党小组长，县以上党委书记、副书记、党委常委、党委委员、党委候补委员，纪律检查委员会书记、副书记，纪律检查组组长、纪律检查员，党组书记、党组成员、工委书记、工委委员、组织员、巡视专员、党的机关工作人员（除勤杂人员以外的全体人员）。

上面千条线，下面一根针。基层单位是落实各项任务的根本力量和保证，基层党务干部承担大量执行落实层面的工作任务。要切实保护基层党务干部积极性，采取有效措施减轻基层负担，指导他们厘清工作思路，帮助基层党务干部提升工作效率，把基层单位有限的人力放在刀刃上，提升落实工作的针对性和实效性。

宰相必起于州部，猛将必发于卒伍。基层是锻炼干部的大熔炉。

在基层单位，条条块块的任务都需要落实，直面人民群众，服务的对象来自四面八方，从事的工作纷繁复杂，责任和压力可想而知。党务干部要善于在日常工作中提升自己的语言和文字表达能力，在自己真正理解的基础上，把上级的精神讲清楚，让广大党员和群众听明白。要善于动笔，勤写勤记，能写文章。党务干部所处的工作岗位许多都在党的重要职能部门，这些部门承担着研究、制定党的方针政策的重要职责，必须要熟悉党务工作知识，搞好调查研究，摸清情况，勤奋学习。要通过苦干实干，练就十八般武艺。

上级党组织要切实减轻基层负担，特别是基层党务干部的负担。要统筹各类检查督导，严格检查频次。进一步明确规范巡视巡察、检查与调研的内容界定。巡视巡察是直奔基层矛盾问题而去，不谈成绩，只查问题。当前巡视巡察整改任务是基层干部承担的一项重大政治任务。检查是针对某项工作落实情况开展检查督导，主要起到传导压力、督促推动作用。调研是了解基层情况、总结亮点、宣传推广，发现问题、帮助指导基层改进工作。要善于使用信息化手段开展各类检查督导工作。要善于采取个人访谈、实地走访、现场观摩等形式了解工作，增强看和想的功力。要对基层干部怀有信任感，固定检查频次。要抱着学习心态，与基层干部交流访谈时要放下架子，减少基层干部的心理压力，鼓励他们把亮点展现出来，把问题想法倾诉出来。在听取汇报、沟通交流、检查反馈的场合，要先给予一定的肯定和表扬，增加基层干部的工作动力和积极性。

要创造条件让基层党务干部有更多交叉互学、交流挂职、参加培训的机会。要善于从大局出发，从培养年轻干部角度出发，创造一切可能的机会，让基层党务干部流动互学、腾挪转移，开阔视野、学习提升。要帮助引导基层干部建立第三个视角，善于跳出本职岗位看本职岗位，健全对工作性质的认识，掌握工作的本质规律，正所谓"横看成岭侧成峰，远近高低各不同。不识庐山真面目，只缘身在此山中"。基层干部能力也有"二八"现象。一花独放不是春，百花齐放春满园。对能力强的，要及时提拔试用，推陈出新；对能力相对次一等的，要敢于压担子、交任务；对能力差的，要分析原因，一人一策，尽快帮助提升。育才先育人，关键是把好政治关、品行关。基层党务干部要树立比学赶超思维，吾日三省吾身：为人谋而不忠乎？与朋友交而不信乎？传不习乎？要严格自律，读书、运动、学习，追求健康进步。学习是做好一切工作的根本前提。要把本专业本岗位的教材书本看一遍、读一遍、想一遍，掌握基本大概、逻辑关系，然后才能找准方向更好工作。

＜知识链接＞

教你如何区分党务工作、党的工作和党的建设

党务工作、党的工作、党的建设是紧密联系又相互区别的三个范畴。

如何区分党务工作、党的工作、党的建设呢？

党务工作、党的建设、党的工作三者关系

联系：三者都是党所从事的事业，都是以无产阶级政党作为研究对象的科学。

区别：三者并不是平行的等同关系，而是包含与被包含的关系。

党的工作是三者中外延最大的种概念，它是指党所从事的全部活动，除包括党的建设和党务工作以外，还包括党的领导工作、思想政治工作、群众工作、军事工作、经济工作、文化工作以及处理与外国政党关系的外事工作等。

党的建设是党的工作的属概念，又是党务工作的种概念，它是指党为保持自己的性质而从事的一系列自我完善的活动，不仅包括党务工作，还包括党的思想建设、政治建设、组织建设、作风建设和制度建设等。

党务工作是被包含于党的工作和党的建设之中的一个属概念，其外延要小于党的工作和党的建设。确切地讲，党务工作是围绕党的建设而进行的一系列具体的党内管理活动。

党务工作的基本原则

1. 党性原则

2. 实事求是原则

3. 党要管党原则

4. 规范性原则

5. 公开性原则

6. 集体领导和分工负责相结合原则

7. 服务原则

8. 精干高效原则

9. 检查督促原则

党务工作包含哪些

1. 发展党员工作

工作总要求：控制总量、优化结构、提高质量、发挥作用。

2. 党员教育和管理工作

党员教育基本方式：定期上党课、坚持民主评议党员、严格党的组织生活、围绕推动经济发展和促进社会和谐开展各种活动、开展集中教育活动。

党员管理基本任务：引导党员严格履行义务、组织党员参加党的活动、严格党员组织关系和党籍管理、保持党员队伍的纯洁性。

3. 干部考察工作

干部考察内容：自然情况、主要经历、特长、政治表现、思想理论水平、工作能力、工作实绩、主要优缺点等。

4. 干部监督工作

工作制度：党内重要情况通报制度、党内重要情况报告制度、领导干部述职述廉制度、党员领导干部民主生活会制度、信访处理制度、巡视工作制度、领导干部谈话和诫勉制度、函询、询问和咨询制度、党政领导干部任职前公示制度、党政领导干部任职回避制度、干部监督工作联席会议制度、领导干部报告个人有关事项制度。

5. 党的人才工作

主要内容：选拔管理优秀专家和拔尖人才、联系专家制度、组织专家疗养休假、选派科技副职、引进海外高层次人才、社会工作专业人才队伍建设。

6. 党的宣传思想工作

基本内容：理论工作、新闻工作、文艺工作、出版工作、思想政治建设、群众性精神文明创建活动。

7. 党的统战工作

重要原则：坚持把握正确处理一致性和多样性关系的工作方针、

坚持党对统一战线的领导权、坚持为党和国家的中心任务服务、坚持大团结大联合的主题、坚持发扬社会主义民主、坚持求同存异体谅包容、坚持运用"团结——批评——团结"的公式、坚持照顾同盟者利益。

8. 党的纪律检查工作

原则：党要管党从严治党、党员在党纪面前人人平等、实事求是、民主集中制、惩前毖后治病救人。

9. 党的群众工作

发动群众，向群众宣传党的主张；教育群众，帮助群众提高思想政治觉悟和业务水平；尊重群众，听取群众对党员和党的工作的批评意见；依靠群众，充分发挥群众的积极性和创造性；关心群众，维护群众的正当权利和利益；引导群众，妥善处理和化解各种矛盾。（来源：中国组织人事报微信公众号）

【典型案例】

以工匠精神做党务干部

——记徐州市委组织部组织一处处长庄金峰

"今天静下心来，对着 PPT 好好拜读了您的讲稿，收获良多，感触颇深。" 10 月 20 日，徐州市委组织部组织一处处长庄金峰的手机，收到一条"听众来信"。发信人是省级机关的一名干部，他在短信中评价庄金峰：工作态度严谨求实，工作标准细之又细，工作方法行之有效，工作作风敢为人先。

国庆前夕，庄金峰应邀到南京为省级机关党员干部上一场党务工作"公开课"，主题为《认真务实担当——做一名称职的机关干部》。他没想到，平平常常的一节课，却引起那么大的反响。

庄金峰笑言，同事们都说他是研究型和认真型的党务干部。"干好工作是靠盯出来的。别管干啥，只要被我盯住了，就一定要弄个水落石出。"

这股较真的劲头，也让庄金峰吃了不少"苦头"。他的电脑里，一个近10G大小的文档，见证了他辛勤的付出。2016年开始，他与同事耗时两年，主动扫描归档了近30年的2800多份重要文件，完成纸质文档数字化。"实际整理查看的文件有10倍多，那段日子是来得比保洁早，走得比保安晚。"庄金峰说。这一成果赢得广泛赞誉，有人感言："一事精致，足以动人。"

文件不仅存入电脑里，庄金峰更把文件印入脑海中。有一次，他在外出差，微信收到同事求助，希望查一个文件，结果他张口就准确说出文件号，同事们既惊讶又佩服。

庄金峰对业务具有钻研精神，名不虚传。在他的办公桌上，记者看到一本已被翻旧的《党组织选举工作手册》，书页被拆开后进行了重新装订。原来，庄金峰不厌其烦地把每一页都扫描存档，就为方便查询和传阅。"别人有问题，不仅要能准确回答，还要把书中的出处告诉人家。"庄金峰说。

"您做的这些基础工作，其实是不显成绩的，有人甚至不愿抓。像您这么务实，真令人敬佩。"来自基层的组工干部，曾这样给庄金峰留言。在庄金峰看来，没人愿意干的事情，不代表没有意义，要多一点打基础的情怀，多干为"后人乘凉"的实事。

　　针对村干部基本报酬偏低问题，他和处室同事一道，积极建议列入市委书记基层党建项目，最终在各方努力下实现报酬从平均不足千元提高到 2500 元以上；他撰文《党工委命名标准不统一亟待规范》，提出专业性对策建议；他明确填写表格的标准，编成顺口溜方便大家记忆；他参与制定的《抓基层党建促乡村振兴六大行动计划》《关于全面实施党建＋工程的意见》等文件广受好评：这样的文件接地气、好操作、便落实。

　　把基础工作抓好了，也是创新。针对党费管理难题，庄金峰历时 6 年，创制了全新的"党费收支、结存情况统计表"。"我在这张表上投入很多时间和感情，像打造艺术珍品一样不断雕琢、完善。"庄金峰告诉记者。

　　他的心血没有白费，这张表成为涵盖党费工作大数据的大系统，可节省党费管理人员 80%~90% 的精力，获得相关专家的认可，并于 2016 年在全省推广使用。

　　庄金峰用实绩赢得口碑，也摘得了"金杯"。他曾获评"徐州市新长征突击手"称号，连续 7 年被评为"徐州市组织系统调研宣传信息工作先进个人"，今年 6 月被评为"全省优秀党务工作者"。

　　"干部干部，干字当头。"庄金峰说，"多一点钻研精神、多一点工匠精神、多一点钉钉子精神、多一点用情用力，让优秀成为一种习惯，做一名称职的党务干部。"在平凡的岗位上，他坚守初心，追求卓越。（来源：新华日报）

　　点评：但凡是党建工作做得风风火火、有声有色、创新十足的单位部门，基本都有一个或者几个对党务工作乐于此道、精于此道的积极分子。发展党员怎么做，"三会一课"怎么开、批评和相互批评如何才能红脸出汗、谈心谈话如何深入人心直面问题、基层党建考核如何开展才更具精准性……像对待科学技术问题一样，向书本学习、向群众学习、向实践学习、向兄弟单位学习、向其他专业学习。凡是愿意投入时间和精力去钻研、去思考、去精益求精的党务工作者，是最宝贵的人才，值得当宝贝一样对待。

第二十二讲 如何提高基层党建工作考核的精准性

💬 **本篇主要观点：**

要重视基层党建考核的精准性。在考核指标上，要突出科学性；在考核方法上，要突出务实性；在结果运用上，要突出精准性。

2020 年 1 月，中央组织部印发《党委（党组）书记抓基层党建工作述职评议考核办法（试行）》强调，述职评议考核应聚焦坚持和加强党的全面领导，落实党中央和上级党组织关于基层党建工作部署要求，履行基层党建工作责任，以提升组织力为重点，突出政治功能。

2020 年 2 月，中共中央印发《党委（党组）落实全面从严治党主体责任规定》明确规定，统筹党风廉政建设、意识形态工作、基层党建工作等方面考核，结合领导班子和领导干部考核，建立健全落实全面从严治党主体责任考核制度，在年度考核和相关考核工作中突出了解全面从严治党责任落实情况。考核结果在本地区本单位一定范围内公布。考核结果作为对领导班子总体评价和领导干部选拔任用、实绩评价、激励约束的重要依据。

没有考核，责任就难以落实。实行基层党建工作考核，是以创新精神贯彻落实全面从严治党的重要体现，是加强和推动基层党建工作的有效抓手，是基层党建工作的"指挥棒"和"风向标"。是检验基层党建工作的重要环节。应当说，开展党建考核是落实党建责任制的关键一环，是推动党组织全面落实主体责任、找出问题短板、明确改进方向、促进工作提升的重要抓手，可以很好地从根本上解决好管党治党责任不明确、不落实、不追究的问题，是构建履责、考责、问责、追责的最重要的闭环。高质量开展好考核工作，要准确把握考核工作的目标定位：

一是在考核标准上，要突出科学性。应当说，党建考核既是对上一年度工作的梳理盘点和总结评估，同时对今后党建工作也有着重要的引领推动作用。在标准设置上，要善于将党建工作具体量化为一项项具体的指标内容，逐渐细化成一件件具体的工作任务，实践落实成一件件具体的事情。要采用科学合理的考核评价方式，对每一项内容设置分值、评分标准和详细的操作说明，在考核过程中减少定性描述，做到用数字说话，用事实说话，用第一手资料说话，坚决避免"假、虚、空"。要注重考核指标内容定性与定量的有机结合、柔性与刚性的有机统一、弹性与可操作性的科学统一，考核评价办法中按照不同属性的指标内容，不同程度地加以贯彻落实，有层次、分程度地逐步融合，务求考核有效性。

二是在考核方法上，要突出务实性。要防止为了迎接考核到处折腾、做表面文章的现象。中央在制定研究党建工作考核办法时明确提出，坚持分类指导、务求实效，重在解决问题，坚决防止形式主义。对考核设置的每个环节，比如，日常考核、现场考核、满意度测评等，都务求精简优化，做到不烦琐、不折腾。对可以通过现场查看、走访党员群众等作出评价的，一般不以听汇报、查资料、看台账的方式进行考核，不以开会发文、领导批示、记录留痕、信息宣传数量等评判工作好坏，防止形式主义，切实为基层减负。各级党组织要正确看待考核，保持平常心态，本着实事求是的原则，客观进行自查自评，提供的考核材料必须真实有效，做了就是做了，没做就是没做，有一说一、有二说二，确保考核结果经得起检验。

三是在结果运用上，要突出精准性。落实党建工作责任制，考核是手段，整改提高才是目的。党建工作考核每年都要开展，是一项常态化工作。上级党组织要根据现场考核的结果，结合日常考核和满意度测评的情况，对下级党组织的年度党建工作进行综合研判，评定最终结果，帮助大家不断发现问题、补齐短板、夯实基础、破解难题。对那些高度重视基层党建工作、履职尽责抓到位，评议考核中群众反映好的要充分肯定，并作为选拔任用干部的重要依据；对那些思想上不重视、工作上不研究、精力投入少、不真抓实干、不解决实际问题的，甚至喊空口号、摆花架子、造"盆景"作秀，评议考核中群众反映差的要限期整改，情况严重的要严肃问责。要充分认识到，做好党建工作需要重在日常、抓在经常、严在平常。被考核的各级党组织要树牢问题意识，坚持问题导向，针对自查、现场考核以及反馈意见发现的短板问题，举一反三、追根溯源，奔着问题去，针对问题改，把党建工作往实里抓、往深里做，不断提升本单位党建工作质量和水平，真正起到"以评促建、对照提升"的目的，真正把责任传递下去，形成一级抓一级、层层抓落实的工作格局，努力使管党治党在公司各个方面、各个领域、各个单位都进一步严起来、紧起来、实起来。

可以说，客观公正是考核工作能否有说服力、影响力、实效性的重要保证。各级党组织成立的考核组的每位同志，都要本着对组织负责、对工作负责、对被考核单位负责、对自己负责的精神，敢于直面问题、敢于动真碰硬，坚持标准、坚持原则，不徇私情、秉公履职，确保考核工作客观公正，以经得起历史和实践检验的考核成果，维护考核工作的公信度。要做到严谨细致、认真负责，把"严"的要求贯穿到考核工作全过程。考核组成员要严格履行考核程序、严格遵循考核要求、严格统一考核标准，查阅资料要一丝不苟，不走过场，严谨细致地做好各项考核任务，确保考核顺利进行。

考核考的是"大党建"，考核内容多，涉及面广，各方面要通力配合。党建部门要切实发挥牵头抓总作用，统筹协调开展工作，加强和被考核单位的沟通协调，随时掌握考核进展，积极做好政策解释，及时解决考核工作遇到的具体问题。重大问题要及时向上级党组织请示汇报。各相关部门和各考核组要树立"一盘棋"思想，发挥各自职能优势，全力配合完成好党建考核工作。

＜知识链接＞

基层党建工作该怎么考核？

考核是干事的"指挥棒"，也是成事的"助推器"。在基层党建考核工作中，我们梳理了一些做法和体会，和大家做个交流。

把责任主体考准

要围绕基层党组织主体责任、基层党组织书记第一责任、纪委监督责任和领导干部"一岗双责"，聚焦履行责任的具体措施和实际成效来开展工作考核，避免仅仅从党务部门的具体工作层面开展考核评价。考查具体的事项，要以"责任主体是否正确履行责任"为基点，进行延伸和下沉，始终保持聚焦责任主体不偏离。因此，在设计考核指标时，要把考核的侧重点放在责任主体是否履责上。考核组进驻后，通过考核方案、见面会等方式清晰指出考核的具体对象，向责任主体传导压力，让领导班子、领导干部等责任主体"就位"。不能出现"工作部门手忙脚乱，责任主体若无其事"现象。

把履责效果考透

面对考核对象，要强化问题意识和结果导向，不能说什么就听什么、提供什么就看什么，或者蜻蜓点水一般一带而过；而要多看几处、多问几句，从各项工作措施中考查实际成效。比如，某党组织全年开展了几十次理论学习，要问问领导干部有什么学习体会，哪一次让自己受到的洗礼和触动最深刻，对于工作实践有哪些指导作用。要关注细节，善于通过细节来考察工作的规范性，从而形成真实的、具体的整体评价。形式最终要服从于效果，基层一线和车间班组的工作，只要效果好、反响好、党员群众认可就行，不必拘泥于形式。

把考核方式用活

常见的考核方法，主要是翻阅台账、查阅资料，即通过文字了解工作情况。在这种考核模式下，一盒盒计划、方案，一堆堆总结、报告，往往成了迎检工作的主角，公文写作水平、档案工作水平甚至会影响到考核成绩。文字记录是工作开展的重要体现和载体，但要真正把情况考查准确，需要借助多维度、多层次的考核方式。考核某项履责过程，还可以面向受众开展问卷调查，考查其满意度评价；针对特定对象开展个别访谈，从侧面了解履责过程的真实性和有效性；组织一定范围的效果测试，对其实际效果作出全面了解。说一千道一万，不如"事上见"。对于某些特定领域，尤其是实操类的事项，可以开展有针对性的实战考核，如果不能通过实践的检验，材料再多、描述再好也没有说服力。

把日常考核做实

一方面，要注重对日常工作的考核，尽量不要年底一次考核就对全年的工作"一锤定音"；另一方面，要通过日常考核，促使考核对象将标准和规范落实到日常工作中，从而起到以考核促进真抓实干的效果。由于党建考核工作本身的特殊性，需要特定的主体、对象、场合、方式，而日常考核对考核工作本身又提出了更高要求，并不容易做好。可以从以下几方面把日常考核做实。

一要设好考核标准，在谋划部署年度党建目标时，就要同步谋划部署考核，从一开始就把考核标准树立起来。二要定准考核责任，考核部门往往就是主管部门，但管理工作不只是考核工作。要实现考在日常，就要把考核责任落到考核主体身上，让考核主体在日常管理工作中敢于"扮黑脸"，寓考核于管理之中。三要记录考核情况，如果不作出专门安排，日常考核的情况就不易留存，可以通过建立工作底单、定期开会研究、阶段性通报情况等方式，把日常考核情况积累下来、记录下来，最终在年底归集使用。

把考核结果用好

如果只考核不评价，或者只考核不兑现，考核就会成为摆设。考核结果要公正，考核组应从专业角度作出客观、权威的判断和评价，指出问题让被考核对象心服口服，作出结论经得起检验。反馈结果要严肃，考核结果反馈既要及时，又要透明，不能"半遮半掩"；不仅反馈成绩，也反馈问题；反馈结果与实际工作有出入，还要允许申辩。考核工作是一种组织行为，考核结果要用于对党组织和干部的综合评价，与经营绩效挂钩并占一定比重，通过表彰先进、鞭策后进来发挥效力，做好考核"后半篇文章"。考核工作结束后，考核组要研究梳理考核总体情况，从成绩和经验、问题和教训等维度做好分析总结，并提出改进建议，供党组织决策参考。

（来源：《秘书工作》）

【典型案例】

××集团公司党（总）支部工作目标管理责任制考核表

附件 2

×××集团公司党（总）支部工作目标管理责任制考核表

考核项目		考核内容	评分说明	基本分	考核分	备注
一、党内组织生活	"三会一课"	支部党员大会原则上每月召开1次。支部委员会必须每月召开1次。党小组会原则上每周召开1次。党员大会40%时间谈学习，60%时间讲业务。党支部每季度上1次党课。	否决项：未按要求开展党内组织生活的基层党组织，考核不予合格。 扣分项：其他方面酌情扣分。 加分项："比一比，党建一张表我最棒"被评为"优秀"的党支部，每次加0.5分。	10		

续表

考核项目		考核内容	评分说明	基本分	考核分	备注
一、党内组织生活	党员活动日	建立"党员活动日"制度，每月固定1天，组织党员开展活动，活动记录规范。	否决项：未按要求开展党内组织生活的基层党组织，考核不予合格。扣分项：其他方面酌情扣分。加分项："比一比，党建一张表我最棒"被评为"优秀"的党支部，每次加0.5分。	3		
	组织生活会和民主评议党员	支部每半年召开1次党员组织生活会。遇有重要情况，及时召开。每年开展1次民主评议党员工作，开展党性分析，对党员进行评议，确定评议等次。党总支每年至少召开1次班子成员民主生活会，班子成员执行双重组织生活制度。		5		
	谈心谈话活动	总支委员会、支部委员会班子成员之间，与所属党员每半年至少开展1次谈心活动。党员之间不定期开展谈心谈话活动。		2		
	标准化平台填报及"党建一张表"报送	标准化平台填报完整性、及时性、规范性等相关情况；"党建工作一张表"报送及时性、评比结果。		5		
	小计			25		
二、班子队伍建设	支委责职分工	支委会健全，委员分工合理、职责明确、团结协作，能很好履行职责，发挥整体功能，有专人负责纪检工作。	否决项：未严格执行党组织议事规则和决策程序，坚持"三重一大"事项集体研究决策，考核不予合格。扣分项：其他方面酌情扣分。加分项："党建特色品牌"获市级、上级党委、行业表彰荣誉，每次加1分；荣获省级表彰荣誉，每次加3分；荣获国家级表彰荣誉，每次加5分。	2		

考核项目		考核内容	评分说明	基本分	考核分	备注
二、班子队伍建设	民主议事机制	健全并严格执行党组织议事规则和决策程序，坚持"三重一大"事项集体研究决策。党员参与党内事务渠道通畅，民主权利有效落实。	否决项：未严格执行党组织议事规则和决策程序，坚持"三重一大"事项集体研究决策，考核不予合格。扣分项：其他方面酌情扣分。加分项："党建特色品牌"获市级、上级党委、行业表彰荣誉，每次加1分；荣获省级表彰荣誉，每次加3分；荣获国家级表彰荣誉，每次加5分。	3		
	注重党建实效	党组织充分发挥核心作用，确保集团公司战略规划的贯彻落实。组织和开展职工群众为集团公司的发展献言献策活动，把党建成效转化为企业发展活力和竞争实力。		2		
	打造党建品牌	结合"冷暖小管家"服务精品品牌，开展党组织和党员公开承诺践诺、党员示范岗、责任区等活动，深入推进"四强四优"争创等活动，创新载体模式，努力打造党建特色品牌。		3		
	党（总）支部书记履职情况	基层党组织书记抓党建工作述职评议结果。		5		
	小计			15		
三、党员教育管理	发展党员工作	发展党员有计划，注重优化结构、提高质量。"把生产经营骨干培养成党员，把党员培养成生产经营骨干"活动扎实开展。重视在生产经营一线和青年职工中发展党员，及时吸收技术能手、青年专家入党。	否决项：发展党员流程不规范，入党志愿书及相关材料未按要求填写，考核不予合格。扣分项：其他方面酌情扣分。加分项：党员个人获市级、上级党委、行业表彰荣誉，每次加1分；荣获省级表彰荣誉，每次加3分；荣获国家级表彰荣誉，每次加5分。	2		

续表

考核项目		考核内容	评分说明	基本分	考核分	备注
三、党员教育管理	党员教育培训	突出党性教育，加强法治教育、警示教育，集中性教育扎实开展，经常性教育措施落实。党员每年集中学习培训时间，一般不少于32学时。基层党组织书记和班子成员每年集中学习培训时间不少于56学时，至少参加1次集中培训。注重运用共产党员网、安徽先锋网、合肥先锋网开展党员教育，共产党员微信易信、安徽先锋网微信、合肥先锋微信党员订阅率不低于40%，基层党组织负责人订阅率不低于90%。	否决项：发展党员流程不规范，入党志愿书及相关材料未按要求填写，考核不予合格。扣分项：其他方面酌情扣分。加分项：党员个人获市级、上级党委、行业表彰荣誉，每次加1分；荣获省级表彰荣誉，每次加3分；荣获国家级表彰荣誉，每次加5分。	5		
	党费收缴管理	及时核定党员交纳党费具体数额，党员自觉按时足额交纳党费，每半年公布1次收缴情况。单独设立党费管理账户的，严格执行财务管理制度，党费使用符合相关规定。		2		
	组织关系管理	每年对党员组织关系进行1次集中排查，积极开展党员组织关系网上转接，党员组织关系隶属清楚、转接规范，每名党员都纳入党的一个基层组织。		2		
	党内激励关怀	动态建立困难党员台账，经常开展关怀帮扶活动；每年开展1次党内表彰活动。		2		
	场所保障	建有固定活动场所，并达到有场所、有设施、有标志、有党旗、有书报、有制度的"六有"标准。室内上墙制度一般为组织架构、岗位职责、党内生活等基本制度。党务、厂务公开栏设置规范，公开内容符合规定，更新及时。		2		
	小计			15		

考核项目		考核内容	评分说明	基本分	考核分	备注
四、纪检与信访维稳工作	落实工作责任	党支部专题研究党风廉政建设和反腐败工作每年不少于2次。建立廉政约谈警示教育制度，党支部书记和纪检委员每年廉政谈话党员干部不少于2人次。	否决项：班子成员中有1人或干部职工中有2名及以上因违纪违法问题，受到党纪政纪处分的。因信访化解处置不当，造成社会重大恶劣影响的，考核不予合格。	3		
	党风廉政教育	全年开展廉洁文化活动不少于2次；每年上报本单位党风廉政建设工作信息不少于2篇。		3		
	信访工作处理	处理来信、来访、来电认真落实首问（接）责任制。上级领导、上级信访部门交办转办的信访件（含12345政府服务热线、人民网网友留言、每日要情、微信网名留言等），需及时办理答复，答复意见事实清楚、适用依据准确、文字逻辑结构严密，并及时解决。	扣分项：干部职工因违纪违法违规，受到党纪政纪处分的，发生一起扣5分。发生违反中央"八项规定"精神及省、市、国资委相关规定和集团公司"十不准"规定的行为，发现一起扣2分。其他方面酌情扣分。加分项：党风廉政建设和作风建设有创新举措、亮点，被上级部门作为典型经验介绍、推广的，一次加3分。信访积案化解一起加2分。	2		
	信访矛盾隐患排查	定期排查信访矛盾隐患，在重要会议、重大节日等敏感时期做到随时排查，每年度不少于6次，底数清楚，信息掌握准确，排查结果及时上报。考核年度内，无新增来委、去市、到省、进京上访人员，或存量信访人未有再次来委、去市、到省、进京上访。		2		
	小计			10		

续表

考核项目		考核内容	评分说明	基本分	考核分	备注
五、效能建设	组织领导	每半年在本单位党支部会议上至少研究一次效能建设工作。	否决项：因违反效能建设相关规定被市级及以上主流新闻媒体曝光的，考核不予合格。扣分项：市效能办暗访中发现问题并被通报的，每人次扣2分。其他方面酌情扣分。加分项：效能建设工作被市级及以上党委政府表彰的，或被市级及以上主流新闻媒体报道的，按照中央、省、市，分别加5分、3分、1分。	2		
	制度执行	贯彻落实集团公司效能建设工作要点和效能建设八项制度及其他相关工作制度。		4		
	监督管理	每年至少全面梳理一次本单位内部效能建设存在问题和薄弱环节，对照薄弱环节及时制定整改措施，梳理情况及时报集团公司效能办。		3		
	宣传报道	每年向集团公司效能办报送本单位效能建设工作信息不少于两篇。		1		
	小计			10		
六、群团工作	民主管理	每年召开一次职工大会，要有会议内容，职工签字，现场照片。本单位目标考核结果、合理建议、生产生活等方面需要公开的内容要公开在宣传栏上，做好记录备案工作。	否决项：未完成上级工会、团委统一部署的工作任务，考核不予合格。扣分项：其他方面酌情扣分。加分项：团体活动或个人获市级、上级党委、行业表彰荣誉，每次加1分；荣获省级表彰荣誉，每次加3分；荣获国家级表彰荣誉，每次加5分。	3		
	服务职工群众	探索完善维权机制和退休老干部、困难职工的慰问、帮困救助工作机制。支持和保证职工代表大会依法行使各项职权。积极组织参与各项文体活动，开展"职工之家""职工书屋"等创建活动和读书活动，大力营造"幸福热电大家庭"。		4		
	团支部建设	团支部机构健全，团员大会有记录、有签到。团员信息记录准确，按时收缴团费。以"让青春在热电飞扬"为主旨，积极开展形式新、内容实、效果好的主题活动，做好资料留存。		4		

考核项目		考核内容	评分说明	基本分	考核分	备注
六、群团工作	妇女工作	组织女职工专项体检,开展"三八"妇女节日活动及女职工培训,维护女职工权益,团结动员妇女积极投身企业建设,促进企业发展。	否决项:未完成上级工会、团委统一部署的工作任务,考核不予合格。	2		
	统战和党外知识分子工作	制定统战和党外知识分子工作计划和措施,统战人员台账健全。开展党外知识分子学习交流活动。	扣分项:其他方面酌情扣分。加分项:团体活动或个人获市级、上级党委、行业表彰荣誉,每次加1分;荣获省级表彰荣誉,每次加3分;荣获国家级表彰荣誉,每次加5分。	2		
	小计			15		
七、精神文明建设工作	资料管理	建立健全创建组织网络,加强创建资料管理,包括计划总结、工作布置、会议记录、重要活动、检查等创建工作的文字、影像及图片资料的收集与整理。	否决项:若出现被明察暗访扣分或新闻媒体曝光事件,取消所在党组织"评优评先"资格。扣分项:其他方面酌情扣分。加分项:精神文明建设获市级、上级党委、行业表彰荣誉,每次加1分;荣获省级表彰荣誉,每次加3分;荣获国家级表彰荣誉,每次加5分。	2		
	创建活动	积极开展各类创建活动,落实创建任务,环境卫生整洁。组织开展志愿活动,每季度不少于一次。充分利用有效宣传载体,宣传创建知识、创建内容、创建要求。		3		
	文明管理	窗口单位:工作人员着装统一、服务规范、态度良好。服务标准、服务承诺制度公示;有高效的投诉处理机制(查阅投诉处理记录)。施工单位:施工现场设置围挡等警示性标志,做到工完、料净、场清,落实"门前三包"制度。施工单位受理用户提出问题时,应及时给予解决,无用户投诉现象。		3		

续表

考核项目		考核内容	评分说明	基本分	考核分	备注
七、精神文明建设工作	文明管理	生产及后勤保障单位：卫生许可证悬挂上墙、职工健康证明及卫生知识培训证明完备、有"五病"调离率记录。工作场所物品摆放整齐，生产设备及工具清洁无灰尘。	否决项：若出现被明察暗访扣分或新闻媒体曝光事件，取消所在党组织"评优评先"资格。	3		
	意识形态管理	将意识形态工作纳入党课内容和学习计划。严格执行外聘专家、讲座、论坛、报告会和文艺活动等报批报备制度。加强宣传队伍建设，严格执行党员干部网络言行规范制度。	扣分项：其他方面酌情扣分。加分项：精神文明建设获市级、上级党委、行业表彰荣誉，每次加1分；荣获省级表彰荣誉，每次加3分；荣获国家级表彰荣誉，每次加5分。	2		
	小计			10		
合计				100		

点评：我们可以看到，要想考核考得准，就必须有可操作性的指标体系。在具体指标设置上，可以考虑建立三类指标，即基本指标、创新评价指标和约束评价指标。其中，创新评价指标可作为加分项，约束评价指标聚焦于减分项（降档项）。

第二十三讲　提高基层党建针对性从哪里入手

💬 **本篇主要观点:**

干好基层党建，必须要坚持问题导向，做每项工作都奔着问题去、盯着难题改、向着实效攻。

千年大计、质量第一。党的建设是新的伟大工程，抓工程就要抓质量，质量是工程的生命线。提高党的建设质量，是党的十九大总结实践经验、顺应新时代党的建设总要求提出的重大课题。我们党要始终在世界形势深刻变化的历史进程中走在时代前列，始终在应对国内外各种风险和考验的历史进程中成为全国人民的主心骨，始终在坚持和发展中国特色社会主义的历史进程中成为坚强领导核心，就必须用过硬的党建质量，铸就过硬的伟大工程，这是事关我们党长期执政的百年大计、千年大计、万年大计。

党的十八大以来，习近平总书记多次阐述党的建设形式和内容、过程和结果、数量和质量的辩证关系，多次就提高发展党员质量、提高教育实践活动质量、提高选人用人质量、提高党内政治生活质量、提高人才培养质量、提高党的制度建设质量等，发表重要讲话、作出重要指示；多次强调，提高党建工作质量都不是就事论事讲的，而是着眼于永葆党的先进性和纯洁性提出来的，是新时代党的建设必须达到的要求。2018 年 7 月，习近平总书记在全国组织工作会议上指出："提高党的建设质量，是党的十九大总结实践经验、顺应新时代党的建设总要求提出的重大课题。提高党的建设质量，既要坚持和发扬我们党加强自身建设形成的优良传统和成功经验，又要根据党的建设面临的新情况新问题大力推进改革创新，用新的思路、举措、办法解决新的矛盾和问题。"习近平总书记关于不断提高党的建设质量的一系列重要论述，具有很强的理论性、针对性和指导性，为我们加强基层党建工作质量指明了前进方向、提供了根本遵循。

新时代的十年间，党和国家事业之所以取得历史性成就、发生历史性变革，一个重要原因就在于，我们党始终重视自身建设质量，始终坚持抓思想从严、管党从严、执纪从严、治吏从严、作风从严、反腐从严，坚持真管真严、敢管敢严、长管长严，为社会变革提供了坚强保证。同时，我们也要清醒地看到，党的建设虽然开创了新的局面，全面从严治党取得了显著成效，但还远未到大功告成的时候。我们党面临的"四大考验""四种危险"是长期的、尖锐的，影响党的先进性、弱化党的纯洁性的因素是复杂的，党内存在的思想不纯、政治不纯、组织不纯、作风不纯等突出问题尚未得到根本解决。最重要的是，中国共产党党员总数 9600 多万名，基层组织 490 多万个，是世界上最大的马克思主义执政党。数量不等于质量，大党不等于强党。如果党建质量不高，党员的人数再多、党组织规模再大，党的领导优势和执政地位也难以保证。基础不牢，地动山摇。只有把基层党组织建设强、把基层政权巩固好，中国特色社会主义的根基才能稳固。党要以"愈大愈惧，愈强愈恐"之忧思，大力增强质量意识，视质量为生命，以高质量为追求，不断提高基层党建工作质量，切实把党建设成为始终走在时代前列、人民衷心拥护、勇于自我革命、经得起各种风浪考验、朝气蓬勃的马克思主义执政党。

问题是时代的声音。坚持问题导向是马克思主义的鲜明特点。今天我们党所面临问题的复杂程度、艰巨程度明显加大。习近平总书记指出："如何始终不忘初心、牢记使命，如何始终统一思想、统一意志、统一行动，如何始终具备强大的执政能力和领导水平，如何始终保持干事创业精神状态，如何始终能够及时发现和解决自身存在的问题，如何始终保持风清气正的政治生态，都是我们这个大党必须解决的独有难题。解决这些难题，是实现新时代新征程党的使命任务必须迈过的一道坎，是全面从严治党适应新形势新要求必须啃下的硬骨头。"大党独有难题体现出了我们党在推进自我革命过程中的一以贯之坚持的问题意识和问题导向。问题无处不在、无时不有，要紧的是善于发现问题、正视问题、直面问题，掌握解决问题的主动。

当前，基层党组织建设难题在于，一些基层党组织弱化、虚化、边缘化问题，基层党组织软弱涣散，领导基层治理仍存在各种短板。特别是在新经济组织、新社会组织、新就业群体组织建设有形有效覆盖不到位，基层党组织建设针对性和有效性不强，特别是工作理念、方式、举措不适应新发展阶段、新发展理念、新发展格局要求和就党建抓党建的"两张皮"问题，工作中存在的形式主义、官僚主义现象，一些工作虚而不实、浮于表面、流于形式、弄虚作假、包装作秀、哗众取宠，成为社会反映强烈的突出问题。必须要认真研究解决。

各级党组织要有解决问题的动力，时刻想着这是事业所需、使命所系、职责所在、群众所盼，以解决问题为荣、以回避问题为耻，不能搞击鼓传花、把问题拖延下去。必须要有强烈的问题意识，把问题装在脑子里经常研究思考，做每项工作都奔着问题去、盯着问题干。必须把搞好调查研究作为基础环节，多到困难多、党员干部群众意见集中、工作打不开局面的地方去，体察实情、解剖麻雀，把工作建立在对实际情况的真实掌握和集思广益基础上。必须抓住主要矛盾和矛盾的主要方面，对症下药、精准发力，强化求解思维，善于进行解构性分析，深究细研、刨根问底，努力寻求精准有效的破解之道。必须坚持实践实干实效，力戒形式主义、官僚主义，把问题有没有真正解决、情况有没有明显改观、工作有没有实质性提升、人民群众是不是真正满意、常态长效机制是不是形成，作为评价检验工作好坏的基本标尺。必须发扬钉钉子精神，既抓思路、抓部署，又抓推进、抓协调、抓落实，锲而不舍、一抓到底，久久为功、善作善成。必须要加大专业培训和实践锻炼，优化党建工作队伍，有效解决部分领导干部和党建工作者不懂党建、不会抓党建的问题，切实解决影响党建质量提升的"拦路虎""中梗阻""断头路"问题，着力推进基层党组织建设全面进步、全面过硬。

＜知识链接＞

坚持问题导向有关摘编

　　问题是时代的声音，回答并指导解决问题是理论的根本任务。今天我们所面临问题的复杂程度、解决问题的艰巨程度明显加大，给理论创新提出了全新要求。

　　中国共产党人深刻认识到，只有把马克思主义基本原理同中国具体实际相结合、同中华优秀传统文化相结合，坚持运用辩证唯物主义和历史唯物主义，才能正确回答时代和实践提出的重大问题，才能始终保持马克思主义的蓬勃生机和旺盛活力。

　　我国改革发展稳定面临不少深层次矛盾躲不开、绕不过，党的建设特别是党风廉政建设和反腐败斗争面临不少顽固性、多发性问题，来自外部的打压遏制随时可能升级。我国发展进入战略机遇和风险挑战并存、不确定难预料因素增多的时期，各种"黑天鹅"、"灰犀牛"事件随时可能发生。我们必须增强忧患意识，坚持底线思维，做到居安思危、未雨绸缪，准备经受风高浪急甚至惊涛骇浪的重大考验。

　　我们要增强问题意识，聚焦实践遇到的新问题、改革发展稳定存在的深层次问题、人民群众急难愁盼问题、国际变局中的重大问题、党的建设面临的突出问题，不断提出真正解决问题的新理念新思路新办法。

（来源：党的二十大报告）

提高基层党建实效性从哪里入手

本篇主要观点:

干好基层党建,必须要坚持守正创新,做好巩固优化提升,特别是在新的历史条件下,必须在继承传统基础上改革创新,在改革创新中破解难题,在破解难题中推动发展,为基层党建工作不断注入新的活力。

提高基层党建实效,必须坚持守正创新,适应新形势新任务新要求。传统是创新的基点,创新是传统的发展。改革创新必须建立在继承传统的基础上,否则就会成为无本之木。继承传统也需要在新的实践中改革创新,否则就会止步不前。在新的历史条件下,必须在继承传统基础上改革创新,在改革创新中破解难题,在破解难题中推动发展,为基层党建工作不断注入新的活力。

一方面,要坚持好运用好优良传统、成功经验,对基层党组织建设长期实践中形成的规律性做法和成熟经验进行总结提炼,固化上升为明确的规定和要求,保证基层党建工作的稳定性和连续性,稳中求进、稳扎稳打,夯基垒台、积厚成势,切实把基层党建的良好势头保持好、发展好。从基层党建工作来看,有许多成熟的经验，比如，坚持围绕中心、服务大局，坚持学习教育、对照查摆、整改提高，坚持实事求是、务求实效，坚持上下联动、齐抓共管，坚持督导指导、跟踪问效等。各领域基层党建工作也创造了许多行之有效、务实管用的做法，如"党建联建"、"党建工作联系点"、"四议两公开"、主题党日、民主评议、党员责任区示范岗、党员突击队等，这些好的传统和做法，都要很好地继续传承和发扬光大。

另一方面，基层党建工作是在改革创新中不断发展的。新情况新问题新挑战无处不在、层出不穷，各类矛盾问题相互交织、错综复杂，老的问题解决了，新的问题又会出现。解决这些矛盾和问题，就要聚焦基层党建遇到的新情况新问题，因事而谋、应时而变，从一切不合时宜的思维定式、固有模式、路径依赖中解放出来，主动适应社会结构、生产方式、组织形态、就业方式深刻变革给组织工作带来的新挑战，树立系统观念、开放理念和精准导向，优化思路理念、优化方式方法、优化制度机制，坚持试点探路、典型引路、经验开路，积极探索信息化条件下的基层党建工作新办法，使各项工作更好地跟上党中央要求、跟上时代步伐、跟上事业发展需要。比如，要推进组织设置创新，适应社会结构、生产方式、组织形态、就业方式新特点，调整优化组织设置。要推进党员教育管理创新，尤其要探索流动党员管理和不合格党员的处置办法。要推进组织活动创新，把基层党建工作与中心任务、党员需求、群众关切更好地融为一体，增强针对性和实效性。要鼓励支持基层的创新创造，及时总结基层的创新经验，把具有普遍意义的做法上升到制度层面固定下来、坚持下去，对一时拿不准的做法，可以先行试点，加强具体指导，继续探索完善，通过创新推动工作发展。创新是为了解决问题、促进工作，必须务实求实、积极稳妥，不能为了创新而创新，搞标新立异那一套，也不能做表面文章、搞形式主义。

＜知识链接＞

坚持守正创新有关摘编

我们要以科学的态度对待科学、以真理的精神追求真理，坚持马克思主义基本原理不动摇，坚持党的全面领导不动摇，坚持中国特色社会主义不动摇，紧跟时代步伐，顺应实践发展，以满腔热忱对待一切新生事物，不断拓展认识的广度和深度，敢于说前人没有说过的新话，敢于干前人没有干过的事情，以新的理论指导新的实践。

马克思主义是我们立党立国、兴党兴国的根本指导思想。实践告诉我们，中国共产党为什么能，中国特色社会主义为什么好，归根到底是马克思主义行，是中国化时代化的马克思主义行。拥有马克思主义科学理论指导是我们党坚定信仰信念、把握历史主动的根本所在。

全党必须牢记，坚持党的全面领导是坚持和发展中国特色社会主义的必由之路，中国特色社会主义是实现中华民族伟大复兴的必由之路，团结奋斗是中国人民创造历史伟业的必由之路，贯彻新发展理念是新时代我国发展壮大的必由之路，全面从严治党是党永葆生机活力、走好新的赶考之路的必由之路。这是我们在长期实践中得出的至关紧要的规律性认识，必须倍加珍惜、始终坚持，咬定青山不放松，引领和保障中国特色社会主义巍巍巨轮乘风破浪、行稳致远。

我们坚持以马克思主义为指导，是要运用其科学的世界观和方法论解决中国的问题，而不是要背诵和重复其具体结论和词句，更不能把马克思主义当成一成不变的教条。我们必须坚持解放思想、实事求是、与时俱进、求真务实，一切从实际出发，着眼解决新时代改革开放和社会主义现代化建设的实际问题，不断回答中国之问、世界之问、人民之问、时代之问，作出符合中国实际和时代要求的正确回答，得出符合客观规律的科学认识，形成与时俱进的理论成果，更好指导中国实践。

我们从事的是前无古人的伟大事业，守正才能不迷失方向、不犯颠覆性错误，创新才能把握时代、引领时代。

我们必须增强忧患意识，坚持底线思维，做到居安思危、未雨绸缪，准备经受风高浪急甚至惊涛骇浪的重大考验。

（来源：党的二十大报告）

第二十五讲　提高基层党建协同性从哪里入手

💬 **本篇主要观点：**

基层党建是一个系统活，要把握好全局和局部、当前和长远、宏观和微观、主要矛盾和次要矛盾、特殊和一般、内力和外力的关系。特别在工作日益繁重，问题越发繁杂的今天，每一名领导干部必须努力成为能"十个手指弹钢琴"的高手。

不谋万世者，不足以谋一时；不谋全局者，不足以谋一隅。当前，各单位各部门都高度重视党建工作，每年召开全面从严治党会议，总结上年度工作，提出全年重点工作任务，形成抓党建工作的组织动员生动局面，效果显著。但是仍有一些地方基层党建工作既有对谋划设计重视不够的问题，也有谋划设计不合理不到位的问题。有的对基层党建工作缺乏总体研究，东一榔头西一棒槌，想起什么抓什么，今日桃花，明日杏花，看上去很热闹，实际上全无章法。有的制定规划闭门造车、脱离实际，这工程那工程，这口号那口号，眼花缭乱、不着边际，难实施、难落地。

推进基层党建，既是一个循序渐进的实践过程，也是一项协同推进的系统工程，必须以系统思维建设系统工程，做到管党有方、治党有力、建党有效。要把握好全局和局部的关系，自觉把基层党建工作放在全局中去审视思考谋划，做到党建工作和业务工作一起谋划、一起部署、一起落实、一起检查，使各项举措在部署上相互配合，在实施中相互促进。要把握好当前和长远的关系，既以高度负责的态度和只争朝夕的精神，抓好正在做的事情、解决最现实最急迫的问题，又加强长远设计和战略规划，确立功成不必在我的理念，多做打基础利长远的事情，推动组织工作持续健康发展。要把握好宏观和微观的关系，以重点突破带动整体推进，在整体推进中破解重点难题，把党建工作中突出存在的、急需解决的、群众反映强烈的问题梳理出来，建立工作台账，拿出具体举措，加强督促检查，注重典型引路，切实抓准重点、抓好难点。针对老问题与新问题、共性问题与个性问题、表象问题与深层次问题、发展中的问题与发展后的问题，深入研究探索，把握内在规律。要把握好主要矛盾和次要矛盾的关系，坚持两点论和重点论的统一，既抓住关键、扭住要害、集中发力、持续用劲，又统筹兼顾、协同推进，重要环节要一环扣一环抓，防止单兵突进、顾此失彼。要把握好特殊和一般的关系，在普遍性中把握特殊性，在共性中把握个性，不断增强工作针对性。

近年来，全面从严治党的要求越来越高、标准越来越严，一些基层党建部门任务繁重、压力大、人手少，必须要处理好内力和外力的关系，既立足自身，充分挖掘内部潜力，做到一个顶俩、效率翻倍；又要善于发挥牵头抓总的作用，有效整合各方资源，借势借力，形成做好组织工作的强大合力。很多基层单位党群口多有反映党建任务重、压力大、人手紧张的问题，解决这些问题，既要靠上级支持，更要靠不断挖掘自身潜力，既要苦干实干，更要巧干，遇到问题先从自身找原因、想办法。要不断提高战略思维、历史思维、辩证思维、系统思维、创新思维、法治思维、底线思维能力，加强前瞻性思考、全局性谋划、战略性布局、整体性推进，推动基层党建系统集成、协同高效。

＜知识链接＞

坚持系统观念有关摘编

万事万物是相互联系、相互依存的。只有用普遍联系的、全面系统的、发展变化的观点观察事物，才能把握事物发展规律。我国是一个发展中大国，仍处于社会主义初级阶段，正在经历广泛而深刻的社会变革，推进改革发展、调整利益关系往往牵一发而动全身。

我们要善于通过历史看现实、透过现象看本质，把握好全局和局部、当前和长远、宏观和微观、主要矛盾和次要矛盾、特殊和一般的关系，不断提高战略思维、历史思维、辩证思维、系统思维、创新思维、法治思维、底线思维能力，为前瞻性思考、全局性谋划、整体性推进党和国家各项事业提供科学思想方法。

（来源：党的二十大报告）

党的十八大以来，党中央坚持系统谋划、统筹推进党和国家各项事业，根据新的实践需要，形成一系列新布局和新方略，带领全党全国各族人民取得了历史性成就。在这个过程中，系统观念是具有基础性的思想和工作方法。

　　全面建成小康社会后，我们将开启全面建设社会主义现代化国家新征程，我国发展环境面临深刻复杂变化，发展不平衡不充分问题仍然突出，经济社会发展中矛盾错综复杂，必须从系统观念出发加以谋划和解决，全面协调推动各领域工作和社会主义现代化建设。

　　（来源：《关于〈中共中央关于制定国民经济和社会发展第十四个五年规划和二〇三五年远景目标的建议〉的说明》）

【典型案例】

以"系统思维"深化党建引领城市社区治理

　　2021年以来，山东东营经济技术开发区出台《关于加强和改进居民小区党建工作的实施意见》，实施"组织建强、运行畅优、治理增效、服务提质、强基赋能"党建引领城市社区治理五项工程，聚焦网格微治、多元共治、居民自治，以"系统思维"深化党建引领城市基层社会治理。

深化网格微治，提升"服务效能"

　　2021年以来，开发区依托党群服务阵地体系功能建设，丰富就业指导、健康养老、文化生活、幼儿托管等便民功能，创办运行社区便民食堂11处，增设了5处"爱心假日学校"，着力打造"15分钟生活服务圈"。

　　提升阵地功能仅是深化网格微治，提升"服务效能"的一个缩影。开发区还通过优化"社区党委—网格（小区）党支部—楼栋党小组"组织体系，健全"网格发现、社区呼叫、分级响应、协同处置"闭环管理机制，社区党组织快速反应、精准落实、服务群众能力持续提高。推行的区街党员干部常态化包社区、联网格制度，近60%的党员干部下沉社区网格参与治理开展服务。面向全市新招聘社区工作者115名，全面落实"3岗18级"薪酬体系，有效解决城市社区和基础网格工作力量配备不足问题。

深化多元共治，做优"红色物业"

据了解，以"我为群众办实事"活动为契机，开发区聚焦居民关注的"急难愁盼"，每季度召开一次"红色物业"现场推进会，将"小事情"办成"大工程"，居民小区专业化物业服务覆盖率实现100%，物业企业党组织覆盖率实现100%，持续推动社区党组织、居委会、环境和物业管理委员会、业主委员会、物业服务企业"五位一体、多方联动、共建共享、共治共享"的管理模式落地落实。

在写好"红色物业"答卷的同时，开发区还通过政府购买服务、公益创投等市场化方式，推动吸纳各类市场主体、社会力量参与社区治理。建立"区级领导联系社区、部门单位主要负责同志联系小区、在职党员联系网格"机制，90%以上机关事业单位、国企党组织和4500余名在职党员到社区报到，参与社区疫情防控、防汛防台工作。

深化居民自治，激发"能人效应"

走进开发区的每个社区，一名名"社区能人"为社区治理注入新血液、新动能。社区居民是最宝贵的社区资源，今年以来，开发区通过"能人舞台""能人示范展风采，榜样引领促成长"座谈会等形式积极挖掘社区中的党员积极分子、热心居民、退休职工以及具有特长爱好的社区"能人"，让更多社区"能人"参与到社区建设、社区治理中来，让社区居民真正从"旁观者"变成"参与者"。

与此同时，开发区还推动建立党组织引领下的社情民意"信息直通车"、社区事务"共商议事会"、解决问题"现场办公会"居民自管自议自治体系，设立"民生茶馆""四邻议事""书记居民面对面"等居民议事协商平台，实现众人商量众人事。通过"社创邻里+"计划和"四邻"责任社区创建行动，策划实施社区营造"微项目"128个，引导发动党员、五老群体、社区自组织骨干、居民志愿者等团结互助、有序参与社区事务，网格协管员队伍4500余人，实现自我管理、自我教育、自我服务。（来源：人民网－中国共产党新闻网）

点评：构建全面从严治党体系是一个系统工程，必须要学会系统思维。山东东营经济技术开发区以"系统思维"深化党建引领城市社区治理，聚焦网格微治、多元共治、居民自治，取得较好效果。系统思维能让我们做事逻辑清晰，可以使工作井井有条，从而大大提高工作效率。我们要坚持好这一科学工作方法，善于从系统观念出发谋划和推动工作，防止"木桶效应"。

如何抓好国有企业的"根"和"魂"

💬 **本篇主要观点:**

干好国企党建要遵循客观规律,坚持运用好虚功实做、党业融合、以人为本三个关键环节。

2023 年 2 月 23 日,在"权威部门话开局"系列主题新闻发布会上,国务院国资委主任张玉卓介绍,全国国企党建会召开以来的 7 年间,国资委和中央企业以习近平总书记重要讲话精神为指引,全面加强企业党的建设,层层压实全面从严治党责任,企业的政治生态实现了根本性好转。国资央企从功能定位、发展理念到发展方式、工作重心,都发生了转折性的变化,大家对国有企业党的领导更加重视。

坚持党的领导、加强党的建设是国有企业的"根"和"魂"。国有企业姓党为党,抓好党建是本职、不抓党建是失职、抓不好党建是渎职,必须要理直气壮抓好党建。中央企业集团已完成党建入章,实现党委(党组)书记、董事长"一肩挑",中央企业集团公司和 1.26 万户重要子企业制定了党委(党组)前置研究讨论重大经营管理事项清单,在制度上、组织上、程序上确保了党委(党组)

的领导地位。各级国有企业党组织在抓党建工作上更有底气、更有力量、更有章法，对党建工作的规律把握运用更加娴熟，始终以政治建设为统领，一体推进党的其他各项建设，以高质量党建引领保障高质量发展已成为各级国有企业普遍追求的目标。

从近期各级国有企业陆续召开的全面从严治党会议来看，其中不乏在完成任务的同时，探索出诸多创新做法。在中国邮政集团有限公司2023年党建工作会上，提到要大力推进基层党建"四四三三"工程，即深化党的组织体系建设、深化基层党组织建设达标工程和创先争优活动、深化党建规范化管理、深化模范机关建设，持续提升基层党组织标准化规范化水平；建立上下联动、揭榜挂帅、会商会审、学习交流，持续巩固"三亮三比三评"和领题破题活动成效；聚焦发展对象、党员、党务干部，持续打造过硬的基本队伍；完善"明责—履责—考责"，持续压紧压实党建工作责任。中国电信集团有限公司深入实施党支部建设"百千万工程"，全面推行党建指导员制度、党员积分管理制度，创新开展"党建翼联"主题实践活动等。这些卓有成效的党建创新实践，体现了包括邮政集团、电信集团等在内的国有企业对党建工作的高度重视，对党建工作本质规律的精准把握，对工作方式方法的守正创新，对强化企业党建实效的持之以恒、久久为功。

壹引其纲，万目皆张。国有企业推进全面从严治党要突出一个主题，抓好五个重点，着力构建与全面从严治党体系相匹配、与中国特色现代企业制度相衔接、与企业改革发展中心任务相适应的国资央企党建工作格局。"一个主题、五个重点"体现了国资央企对党建工作特点规律的精准把握，也是对推进高质量党建的不懈耕耘。中国共产党为什么能，原因就在于遵循客观规律，作出科学正确的决策。领导要有水平，水平从哪里来？水平来自对客观规律的认识掌握，而规律性的东西，正是蕴藏在广大群众的实践中。做好国企党建工作，必须要牢牢把握虚功实做这个关键方法。党建概念属于上层建筑，是管人管思想的，不容易出显绩，很多的工作成效更多表现出潜移默化、润物无声的特点，不把党建工作转化为具体的活动、行为，是很难让广大党员群众感受、认可的。要视活动、仪式为党建的生命，守正创新，跟抓生产经营一样去抓党建工作，守正创新开展党建活动，严谨严肃增强活动仪式氛围。

必须要牢牢把握党业融合这个关键要求。围绕中心、服务大局永远是党建工作的出发点和落脚点。我们党自从建党以来，党建工作从来都是围绕着革命、改革、建设的。不论是选人用人、监督执纪，还是任何一项基础党务的工作，都是为生产经营、改革发展提供政治思想组织保障的，是围绕生产经营开展工作的。比如，发展党员是为建设高素质干部队伍提供后备力量"蓄水池"的，收缴党费是为了增强党员的党员意识。各级领导干部必须要增强树牢融合意识，把各自承担的每一项工作放在正确的方位坐标中去观察、去推动。

必须要牢牢把握以人为本这个关键根本。党员是党建工作的主体。全国国有企业现有党员1000多万名，抓好这支队伍，对增强全体党员队伍战斗力、增强国有企业核心竞争力起到至关重要的作用。要认可党员的价值、尊重他们的主体地位。要弘扬优良的党内政治文化，大力弘扬忠诚老实、公道正派、实事求是、清正廉洁等价值观，坚持党内民主平等的同志关系，使广大党员深刻认识到自身在党内的主体地位，激发创新创造活力动力。

树无根不长，人无志不立。国有企业必须要认真学习贯彻习近平新时代中国特色社会主义思想，深刻领悟新时代建设一个什么样的党、怎样建设党这个重大时代课题的历史意义和实践意义，时刻保持使命感、紧迫感和责任感，因势而上、顺势而为，把好工作方向，做实工作内容，考准责任主体，努力将党建工作的优势有效转化为企业发展的制胜优势，着力推动以高质量党建引领保障高质量发展。

＜知识链接＞

以高质量党建引领国有科技型企业创新发展

国有企业是中国特色社会主义的重要物质基础和政治基础，是我们党执政兴国的重要支柱和依靠力量。党的十八大以来，以习近平同志为核心的党中央高度重视国有企业改革发展和党的建设，围绕坚持和加强党对国有企业的全面领导、提高国有企业党的建设质量、完善中国特色现代国有企业制度等作出一系列重要决策部署、推动一系列重要工作。新时代10年，国有企业党的领导和党的建设得到全面加强，为企业改革发展提供了坚强保证。国有科技型企业是国有企业的重要组成部分，是实现高水平科技自立自强的重要力量。新时代新征程，国有科技型企业要坚持和加强党的全面领导，以高质量党建引领企业创新发展。

贯彻落实党中央重大决策部署、服务国家发展战略的必然要求

习近平总书记指出："坚持建强国有企业基层党组织不放松，

确保企业发展到哪里、党的建设就跟进到哪里、党支部的战斗堡垒作用就体现在哪里，为做强做优做大国有企业提供坚强组织保证。"国有科技型企业要深入学习领会习近平总书记关于国有企业改革发展和党的建设的重要论述精神，以更高的标准、更实的举措推动企业党建工作和业务工作深度融合，不断把党建优势转化为发展优势。

不断提高党的建设质量，是提升国有企业党组织领导力、增强国有企业内部凝聚力、激发国有企业活力、推动国有企业做强做优做大的根本保证。衡量国有企业党的建设质量，最重要的一个标准，就是看国有企业能否成为党和国家最可信赖的依靠力量，能否坚决贯彻执行党中央决策部署，能否充分发挥落实国家重大战略、服务构建新发展格局的主力军作用。新中国成立以来，在党的领导下，国有科技型企业为我国经济社会发展、科技进步、国防建设、民生改善等提供了重要支撑。新时代10年，国有科技型企业高度重视把加强党的领导和完善公司治理统一起来，充分发挥高质量党建对企业创新发展的引领作用，始终围绕发展抓党建、抓好党建促发展，改革发展成效日益显著。新时代新征程，国有科技型企业要成为党和国家最可信赖的依靠力量，坚决贯彻落实党中央决策部署，在立足新发展阶段、贯彻新发展理念、构建新发展格局、推动高质量发展上勇当先锋。

习近平总书记指出："立足新发展阶段、贯彻新发展理念、构建新发展格局，推动高质量发展，是当前和今后一个时期全党全国必须抓紧抓好的工作。"当今世界正经历百年未有之大变局，新一轮科技革命和产业变革深入发展，国际力量对比深刻调整，国际环境日趋复杂。我国发展仍具有诸多战略性有利条件，同时也面对更多逆风逆水的外部环境。我国经济长期向好的基本面没有改变，外部冲击只能倒逼我们加快改革创新步伐。新时代，我们党综合分析国际国内形势和我国发展条件，明确提出到 2035 年基本实现社会主义现代化，到本世纪中叶把我国建成富强民主文明和谐美丽的社会主义现代化强国。到 2035 年基本实现社会主义现代化，其中一个重要目标是"关键核心技术实现重大突破，进入创新型国家前列"。作为参与国际科技竞争的重要力量，国有科技型企业要自觉肩负起党和国家赋予的重大任务，牢记自身的使命任务，聚焦主责主业，在新一轮改革发展大潮中坚持党的建设和国有企业改革同步谋划，推动党建工作和业务工作深度融合，凝聚起广大干部职工战胜困难和挑战的强大力量，通过不断提高党的建设质量促进企业科技创新能力提升。

提高国有科技型企业党的建设质量，党建工作必须始终与中心工作紧密结合起来，必须在服务大局中检验成效。国有科技型企业要不断分析问题、寻找短板，有针对性地加强和改善党的领导、提高党的建设质量，探索以高质量党建引领国有科技型企业创新发展的新途径新方法，推动企业党的建设取得新的更大成效，在贯彻落实党中央重大决策部署、服务国家发展战略中担当使命。

推动党建工作和业务工作深度融合

在实践中不断完善中国特色现代国有企业制度，是国有科技型企业必须承担起的时代责任，也是永葆企业基业长青的重要保证。完善中国特色现代国有企业制度，关键是要把握好党的领导和公司治理的关系，在融入上下功夫、在结合上花气力。习近平总书记强调："要处理好党建和业务的关系，坚持党建工作和业务工作一起谋划、一起部署、一起落实、一起检查。"推动党建工作和业务工作深度融合，必须准确把握深度融合的精神实质和辩证关系，结合国有科技型企业所处的发展环境和工作实际，坚持问题导向、目标导向、结果导向，推动中国特色现代国有企业制度不断发展完善。

将融合体现在治理结构上。习近平总书记强调："中国特色现代国有企业制度，'特'就特在把党的领导融入公司治理各环节，把企业党组织内嵌到公司治理结构之中，明确和落实党组织在公司法人治理结构中的法定地位，做到组织落实、干部到位、职责明确、监督严格。"党的十八大以来，国有科技型企业把加强党的领导和完善公司治理统一起来，探索公司治理的"中国方案"，权责法定、权责透明、协调运转、有效制衡的公司治理机制逐步形成，科技创新活力和创造实力明显增强。为提升国有企业党组织领导力，国有科技型企业要在完善治理结构上下更大功夫，在企业改革中坚持党的建设同步谋划、党的组织及工作机构同步设置、党组织负责人及党务工作人员同步配备、党的工作同步开展，确保党的领导、党的建设在国有企业改革中得到加强。通过党建联建、同创共建、平台共用、资源共享等方式，推动实现党的组织有效嵌入各类基层组织，让党的工作有效覆盖各类科研团队，充分发挥把方向、管大局、促落实的功能。

将融合体现在发展方式上。习近平总书记指出："要按照创新、协调、绿色、开放、共享的发展理念的要求，推进结构调整、创新发展、布局优化，使国有企业在供给侧结构性改革中发挥带动作用。"科技创新是新时代党和国家赋予国有科技型企业的重大任务。国有科技型企业聚集了大量重要的科技创新资源，必须自觉发挥实现高水平科技自立自强的国家队作用，坚定不移走自主创新道路。国有科技型企业更好适应科技创新的新形势新要求，需要推动发展方式和党建工作同步提升、加快融合。面向未来，国有科技型企业要牢固树立抓党建与抓发展相统一、抓党建与抓生产经营相融合的理念，为推动党建工作和业务工作的发展方式深度融合奠定思想基础。要把党建工作规划纳入企业发展总体规划，推进党建工作目标与科技研发的战略目标、战略规划、战略体系深度融合，统筹制定党建部门和业务部门的目标任务，围绕共同目标形成工作合力。

将融合体现在人才管理上。习近平总书记指出："光有思路和部署，没有优秀的人来干，那也难以成事。"干部是影响事业成败的重要因素，人才是决定科技创新水平的关键要素。党的十八大以来，国有科技型企业大力推动党管干部、党管人才原则与市场化选人用人机制有机统一，进一步优化干部、人才的育、选、管、用工作，为打造世界一流科技型企业、赢得国际科技竞争提供有力保障。面向未来，推动党建工作和业务工作在人才管理方面实现深度融合，必须坚持发挥党组织对国有企业选人用人的领导和把关作用，着力建设对党忠诚、勇于创新、治企有方、兴企有为、清正廉洁的高素质专业化国有企业领导人员队伍。实现思政教育与业务培训相融合，推动党的理论创新成果进企业、进车间、进班组、进头脑。实现党建考核与业务评价相融合，加大党建工作在干部、人才考核体系中的权重，以考评促融合。

（来源：《人民日报》）

【典型案例】

强化国有企业的"根"和"魂"
以加强党建引领国企高质量发展

习近平同志指出，坚持党的领导、加强党的建设，是我国国有企业的光荣传统，是国有企业的"根"和"魂"，是我国国有企业的独特优势。作为黄金行业唯一一家中央企业，中国黄金集团有限公司近年来深入学习贯彻习近平新时代中国特色社会主义思想，认真贯彻落实新时代党的建设总要求，以加强党建引领企业高质量发展。

加强党建必须着眼于坚持党对国有企业的坚强领导。我们坚持把"扎根""筑魂"工程作为加强党的建设、坚持党的领导的重大任务来抓。一是全面修订公司章程，明确党组织在公司治理结构中的法定地位。二是确保基层党组织全覆盖无盲区，确保基层党组织有人干事、有经费办事。集团所属122家符合建立党组织条件的企业全部建立党组织，大都实行企业党委书记、董事长"一肩挑"或企业党委书记、总经理"一肩挑"，按照不低于职工总数1%配齐党务工作人员，按照不低于工资总额1%列支党建工作经费。

加强党建必须着眼于充分发挥国有企业独特优势。国有企业加强党的建设，应明确党组织在决策、执行、监督各环节的权责和工作方式，使党组织作用的发挥组织化、制度化、具体化，充分发挥党建工作在推动国有企业发展中的重要作用。结合企业发展实际，充分发挥党委把方向、管大局、保落实作用，准确把握企业改革发展的方向坐标。同时，充分发挥用党规党纪树企业正气的优势，强化党风廉政建设，营造风清气正、干事创业的氛围。近年来，我们聚焦"两个责任"，增设纪检机构，加强人员配备，不断提高纪检人员的履职能力。

加强党建必须着眼于强化党的意识、压实党建工作责任。身为国有企业党员、干部，必须时刻牢记自己的第一身份是共产党员，第一职责是为党工作，把对党忠诚、为党分忧、为党尽职、为民造福作为根本政治担当，努力推动企业高质量发展。为此，我们建立健全党建工作专项督查机制和科学规范的党建工作考核体系，压实党建工作责任，用好考核指挥棒，既报经济账，又报党建账。狠抓党委书记、支部书记和支委等党务工作者的集中培训，让其成为党建工作的"内行人"与"明白人"。

加强党建必须着眼于党建工作与中心工作有机融合。我们把加强党建工作作为引领企业发展的重要抓手，用党建推动企业高质量发展。积极发挥党的领导作用，开展聚焦资源质量、资产质量、安全质量、经营质量的"质量变革年"提升活动，发挥自身优势，积极稳妥推动企业走出去；紧盯降负债，严控高风险，推进债转股，不断提升资产质量；牢固树立绿水青山就是金山银山理念，强化安全环保的"红线"意识，促进企业安全生产和绿色环保能力全面升级；打造简明高效有力的管控体系，加快各业务板块协同发展。

（来源：《人民日报》）

点评：国有企业党的建设是党中央全面从严治党战略方针的重要组成部分，也是建设中国特色现代企业制度的关键所在。中国黄金集团从坚持党的领导、发挥独特优势、落实党建责任、推动深度融合四个方面强"根"固"魂"，以加强党建引领企业高质量发展。抓好包括党建在内的任何一项工作其实并不难，难的就在于是否愿意回归常识、尊重规律，实事求是。

第二十七讲　如何做好新时代国企党建工作

💬 本篇主要观点:

做好新时代国企党建工作,追求更高质量党建要求,当下应该重点解决三个根本性问题。一是跳出党建看党建;一是像制订经营发展规划一样科学制订党建发展规划;一是在战术层面注意方式方法的问题。

党的十八大以来特别是十九大以来,国有企业党的建设工作取得了很大的成绩,推动了国企党建工作正在从基础性、基本性阶段向高质量、高价值的更高目标过渡。做好新时代国企党建工作,追求更高质量党建要求,当下应该重点解决三个根本性问题。一个是怎么看的认识问题;一个是怎么干的方法问题;一个是怎么办的落实问题。

怎么看的问题。从事企业党建工作的干部要跳出党建看党建,不能就党建抓党建,既不能井底观天,也不能妄自菲薄。党的建设是国有企业的根和魂,党组织对企业发展起到把方向、管大局、促落实的领导作用,必须抓实抓牢。要正确认识党建工作,就要善于从纵向和横向两个维度来看。从纵向上看,中央对央企的要求,主要考核三个责任，经济责任、政治责任、社会责任。党的建设属于政治责任范畴，要求国企党建为国企履行经济责任和社会责任起到引领和保障作用。从具体党建工作看，做好组织体系工作是为了强化组织力；做好党员发展工作是为了建设高素质干部队伍、蓄足源头活水；做好党员发展教育工作是为了联系群众推动发展；做好组织工作是为了管党治党、从严治党；做好思想政治工作是为了化解矛盾、凝心聚力。以此类推，壮大入党积极分子队伍、开展主题党日等每一个细分任务均支撑了相关党建职责。一条整线看下来，就能找准方位、明晰方位，就能明白每一项党建工作的本质意义，对做好党建本职工作有更清晰的认识。从横向上看，国企设置职能部门和市场运营部门较多，有综合、人力、财务、审计、市场、产品、客户、研发、运维等部门，党建部门作为其中之一，要善于换位思考其他部门怎么看党建部门，对照看待其他部门的观点，然后从企业发展整体大局角度分析，就能深刻认识到，每一个部门及其从事的工作都是企业发展必不可少的一个环节，并且必然要与其他部门形成环环相扣、运转衔接流畅的局面，企业才能实现最大效益。

怎么干的问题。当前，国企高度重视党建工作，年年召开全年从严治党和党风廉政建设工作会议，总结上年度工作，提出全年重点工作任务，形成抓党建工作的组织动员局面，效果显著。干在当下和谋划长远是相互统一、密不可分的。国企党建只有立足当前、着眼长远，像制订经营发展规划一样科学制订党建发展规划，清晰构想发展愿景，才能更好地将眼前工作与未来发展有机结合起来，做到蹄疾步稳、有条不紊。要把党建工作与生产经营工作摆在同等重要的地位，投入精力、时间，认真研究规划未来3年、5年，甚至 10 年的企业党建，达到什么目标目的，围绕什么主题主线，要实施哪几项工程，划分哪几个阶段，采取什么措施，提出什么要求，制定一张科学蓝图。特别是党已经走过百年历程，今年是党的二十大召开之年，要抓紧研究部署，既要有详细的顶层设计、系统的战略规划，又要有强有力的落实、落地的措施举措。

怎么办的问题。前面两个问题解决了怎么看和怎么干的问题，怎么办就没那么难了。抓好党建工作首先得树牢大党建意识。党建工作是方方面面的工作，包括政治、思想、组织、作风、纪律等，要有效统筹党建、干部人事、纪检、群团等力量，齐抓共管，形成合力。党建部门如何设置才更合理，发挥更大作用。要建好党务干部队伍，提高素质水平。对照有关党务干部配备标准，抓紧配齐配强。对支部书记、支委委员、党小组长分层分级进行培训。要强化培养力度，注重把经营骨干培养成党务干部，把优秀党务干部培养成管理干部、技术专家。

＜知识链接＞

新时代国有企业党的建设工作格局

国有企业贯彻落实新时代党的建设总体布局，全面推进党的政治建设、思想建设、组织建设、作风建设、纪律建设，把制度建设贯穿其中，深入推进反腐败斗争，要立足深化国有企业改革实际，构建以治理体系、价值体系、组织体系、监督体系、责任体系为核心的国有企业党的建设工作格局，筑牢全面从严治党在国有企业落实落地的坚实基础。

（一）构建以中国特色现代国有企业治理结构为核心的治理体系

治理体系作为一种制度设计，决定着具体制度及制度执行的实际效果。构建以中国特色现代国有企业治理结构为核心的治理体系，建设中国特色现代国有企业制度，是落实党对国有企业全面领导的体制基础，也是加强党的政治建设的内在要求。国有企业必须按照两个"一以贯之"要求，把加强党的领导和完善公司治理统一起来，推进党的领导融入公司治理各环节，把企业党组织内嵌到公司治理结构之中，建立有效制衡、科学决策的公司治理机制，确保国有企业党委（党组）发挥领导作用组织化、制度化、具体化，把方向、管大局、保落实。要遵循发挥党委（党组）领导作用的充分性、注重治理主体之间的协调性、强化重大决策的科学性、增强执行的有效性和完善监督的系统性，明确党组织在决策、执行、监督各环节的权责和工作方式，处理好党组织和其他治理主体的关系。同时，通过落实党对国有企业的全面领导，加强党的政治建设，始终确保国有企业各级党组织和广大党员干部在政治立场、政治方向、政治原则、政治道路上同以习近平同志为核心的党中央保持高度一致。

（二）构建体现国企精神的价值体系

价值体系是影响企业经营理念、行为准则的决定性因素。在国有企业改革发展历程中形成的国企精神，是加强党的思想建设、作风建设的重要成果，反映着国有企业及其广大党员干部职工的价值追求和使命担当。塑造国有企业独有的价值体系，需要从五个方面培育和弘扬新时代国企精神：一是对党忠诚、担当尽责，坚持以习近平新时代中国特色社会主义思想为引领，增强"四个意识"，坚定"四个自信"，听党话、跟党走；二是强企报国、奉献社会，建设世界一流企业、做强做优做大国有资本，壮大国家经济实力和综合国力，促进经济社会持续健康发展；三是践行宗旨、服务人民，坚持以人民为中心的发展思想，始终把人民放在最高位置，使企业发展成果更多惠及全体人民；四是改革创新、专业专注，牢牢把握全面深化改革的总体目标，实施创新驱动发展战略，弘扬企业家精神、工程师文化和工匠精神，加快突破关键核心技术，把竞争和发展的主动权牢牢掌握在自己手里；五是艰苦奋斗、作风优良，以严实有力的措施落实中央八项规定精神，弘扬新风正气，锤炼党性党风，确保国有企业持续健康发展。

（三）构建落实党的全面领导的组织体系

党的全面领导、党的全部工作要靠党的坚强组织体系去实现。国有企业贯彻落实新时代党的组织路线，推进党的组织建设，要坚持建强基层党组织不放松，为实现党对国有企业的全面领导、做强做优做大国有资本、建设具有国际竞争力的世界一流企业提供组织保证。要以提升组织力为重点，增强政治功能，完善组织体系，实现党的组织、党的工作和党员作用全覆盖，有力有效凝聚职工群众，建设团结职工群众推进改革发展的坚强战斗堡垒。要突出领导班子和领导干部这个"关键少数"，把坚持党管干部原则和发挥市场机制作用结合起来，建设"对党忠诚、勇于创新、治企有方、兴企有为、清正廉洁"的国有企业领导人员队伍。要着力加强党员队伍建设，加强党员教育管理，提高党员队伍素质，选优配强支部书记，提高队伍凝聚力、战斗力和创造力，发挥先锋模范作用。

（四）构建以党内监督为统领的监督体系

监督体系是有效配置监督资源的模式。党的十九大报告提出，要构建党统一指挥、全面覆盖、权威高效的监督体系，把党内监督同国家机关监督、民主监督、司法监督、群众监督、舆论监督贯通起来，这对完善国有企业监督体系提出了新要求。国有企业构建以党内监督为统领，包括法人治理结构监督、业务监督和民主监督等在内的大监督体系，加强党的纪律建设，深入推进反腐败斗争，是强化风险防控、维护国有资产安全，保证干部职工队伍廉洁的迫切需要。建设以党内监督为统领的监督体系，必须以习近平新时代中国特色社会主义思想和党的十九大精神为指导，与国家监察体制改革相衔接，整合监督资源，形成监督合力，增强监督的权威性、系统性和有效性。必须坚持把纪律和规矩挺在前面，强化全员纪律意识、规矩意识，抓早抓小、防微杜渐，使党规党纪成为每一位党员干部的行为准则和行动自觉。必须深入推进党风廉政建设和反腐败斗争，坚持无禁区、全覆盖、零容忍，坚持重遏制、强高压、长震慑，以反腐败永远在路上的决心和恒心惩治腐败，构建不敢腐不能腐不想腐的长效机制。

（五）构建落实全面从严治党责任的责任体系

责任体系是明确责任分工、界定职责范围、保证职责落实落地的一整套机制。坚持党要管党、全面从严治党，持续巩固党的制度建设成果，必须构建落实全面从严治党责任的责任体系，层层压实管党治党政治责任。要把抓好党建作为最大政绩，牢固树立抓党建强党建责任意识，把全面从严治党要求贯穿国有企业党的建设全过程，构建"明责履责、考责追责"的党建工作责任闭环，建立主体责任明确、责任界限清晰、责任内容衔接的责任落实机制，推动责任层层分解、层层落实。要推进国有企业党建工作责任考核，把党建考核同企业领导班子综合评价、经营业绩考核衔接起来，同企业领导班子任免、薪酬、奖惩挂起钩来。对党建责任不落实、抓党建不力的严肃问责，确保党建工作责任有效落实。

"五大体系"相互联系、相互贯通、相互作用，明确了加强国有企业党的建设的基本内容、重点领域和内在逻辑，把国有企业改革发展和党的建设有机统一起来，使国有企党建工作格局更加顺畅、主题更加鲜明，形成了新时代加强国有企业党的建设的四梁八柱。其中，治理体系是核心，对坚持党对国有企业全面领导、贯彻落实党中央重大决策部署起决定性作用。价值体系是基础，是国有企业使命担当、价值取向的思想源泉，为国有企业改革发展提供强大的精神动力。组织体系是主体，是国有企业全部工作和战斗力的集中体现，为实现党对国有企业的领导提供组织保证和人才支撑。监督体系是保障，是增强党的自我净化能力的重要途径，为营造良好企业生态、促进健康发展护航纠偏。责任体系是关键，是国企党建工作的"牛鼻子"，为推动国有企业落实管党治党责任发挥基石作用。"五大体系"国企党建工作格局，与新时代党的建设总体布局一脉相承，充分体现国有企业党建工作特色要求，是新时代党的建设总要求在国企党建领域的深化和具体化。（来源：中共中央党校出版社《新时代国有企业党的建设教程》）

第二十八讲 如何提高国有企业基层党支部建设质量

💬 **本篇主要观点：**

从健全工作机制、加强基本建设、落实融合要求三个层面加强国有企业党支部建设，提高有形和有效覆盖面。

习近平总书记在全国国有企业党的建设工作会议上指出，党支部是党组织开展工作的基本单元。党的力量来自组织，党的全面领导、党的全部工作要靠党的坚强组织体系去实现。"无论形势如何变化，依靠基层、建强基层这一条永远不能丢。"坚持党的领导、加强党的建设，是国有企业的光荣传统，是国有企业的"根"和"魂"。国有企业必须不断提升党支部质量，提升党支部的组织力、凝聚力、战斗力，切实把职工群众紧密团结在党组织周围，为国企改革发展提供不竭动力。党的十八大以来，国有企业高度重视党建工作，牢固树立大抓基层的鲜明导向，党支部战斗堡垒作用得到有效发挥，但一些党支部仍存在政治学习不严实、党建和业务融合不深入、内生动力和活力不足、班子发挥作用不充分等问题，党支部建设质量有待进一步提高。

健全工作机制。一是规范组织设置。根据企业发展实际，及时动态调整支部设置。根据重大任务需要，及时组建临时党支部。合理配置支部班子，由本部门本单位主要负责人担任党支部书记，并尽量吸收团支部书记、工会小组长担任支委，以推动党、政、工、团协同。二是明确责任机制。分类明责，引领履职。健全党委、党委书记、党委委员、党支部、党支部书记、党支部委员责任清单和党支部月度重点工作提醒清单，将支部建设责任、目标、任务具体化制度化，落实到人。分类考责，倒逼履职。党支部书记向上级党组织和本部门本单位党员大会述职；党支部委员在专题会或年度考核会述职，也可以结合分工向党委职能部门述职。三是区分评价重点。研究改革发展重点任务时突出党建引领作用，部署党建工作时强化服务保障中心工作的导向。在年度考核、任期考核和其他相关考核中，对党建和业务工作同考核、同评价。越往下，考核工作要越简化，避免层层加码。

加强基本建设。一是加强基本服务保障。以流程图、模板、参考问答等形式，明确党务操作流程、操作方法，推动党务工作标准化规范化。定期安排党务干部特别是基层党组织书记负责人轮训，对新任基层党组织书记负责人进行任职培训，党支部书记每年至少参加1次县级以上党组织举办的集中轮训。建立健全基层党组织委员、党小组组长履职培训制度。把握党务干部的思想动态和培训需求，树立更加科学开放的培训理念，灵活采用案例式、研讨式、模拟式、体验式等方法，综合运用课堂讲授、现场教学、典型示范、警示教育、研讨交流等形式，提高党务干部教育培训的针对性实效性和吸引力感染力。二是加强基本机制完善。严格选优标准、规范推选程序，确保选出来的优秀党员得到群众高度认可，增强党员的荣誉感和组织归属感，增强党务工作者的使命感。加强党员教育管理。壮大入党积极分子队伍建设，提高党员发展质量，细化发展党员规范流程和要求。坚持党员定期向组织汇报思想和工作制度，坚持党组织定期对党员进行党性分析。发挥党员先锋模范作用。设立党员示范岗、党员责任区，开展设岗定责、承诺践诺等，引导党员做好本职工作，干在实处、走在前列，创先争优。

落实融合要求。一是树立"大党建"理念。年初制定全面从严治党责任清单，统筹党建、组织、纪检、工会、团青等资源。建立健全与业务部门、项目工程的协同联动机制，联手策划专题方案，强化党建和业务深度融合意识，积极探寻党建工作的抓手和着力点。二是重视"三会一课"等组织生活制度在统一认识、凝聚人心、鼓舞干劲中的作用。教育引导基层坚持把每一次的党员大会、支委会、党小组会、讲党课、主题党日、谈心谈话当成和广大党员群众交流思想、交换意见、答疑解惑、组织动员的平台和机会，深入思考、认真准备，确保以过好组织生活推动企业发展。建立解决问题机制，在各类组织生活中，有意识安排"讨论和解决问题"环节，将支部战斗堡垒作用和党员先锋模范作用体现在解决各类问题中。三是加强活动载体创新。开展党支部（党小组）领题破题活动，组建党员突击队，打造攻坚克难的坚强阵地。推动党员亮身份、亮标准、亮承诺，比技能、比作风、比业绩，定期开展领导点评、党员互评、群众评议。坚持经验开路、典型引路、试点探路，培育叫得响、立得住、推得开的党建工作"试验田""高产田"。四是用好思想政治工作传家宝。将社会主义核心价值观融入企业文化建设，满足新生代员工多元化需求。党员获得功勋荣誉表彰或受到组织处理、纪律处分，党组织应及时鼓励或谈话提醒。将解决思想问题与解决实际问题相结合，在员工子女入学、看病医疗等方面，积极提供帮助。积极挖掘、培育选树职工群众身边的典型人、典型事，鼓励广大职工群众认真对标学习。

＜知识链接＞

支部建在连上的故事

1927 年 9 月 29 日，工农革命军 1000 余人进驻永新县三湾村。当地群众不了解工农革命军，大都躲进山里。毛泽东要求各单位上山向群众做宣传，群众陆续回村。当晚，毛泽东主持前敌委员会扩大会议，决定对部队进行改编。

整顿组织。将一个师缩编为一个团，下辖一营、三营、特务连和军官队、卫生队。改编时提出，去留自愿，愿留则留，不愿留发给路费，希望他们继续革命。

实行党对部队的绝对领导。建立党的各级组织和党代表制度。支部建在连上，班、排设党小组，连以上设立党代表，营、团建立党委。部队由中共前敌委员会统一领导。

部队内部实行民主制度，官长不准打骂士兵，士兵有开会说话的自由，连、营、团三级建立士兵委员会。

"三湾改编"奠定了建设新型人民军队的基础。9 月 30 日，毛泽东向指战员宣布前敌委员会关于部队改编的决定。他说：贺龙两把菜刀起家，现在带了一军的人。我们有两营人，还怕干不起来吗？你们都是起义出来的，一个可以当敌人十个，十个可以当他一百。他强调：没有挫折和失败，就不会有成功。

1929年12月，古田会议进一步确立支部建在连上原则。古田会议决议规定："每连建设一个支部，每班建设一个小组，这是红军中党的组织的重要原则之一。"

支部建在连上成为制度。要求"在组织上，厉行集中指导下的民主生活"。吸收党员条件，"政治观念没有错误的（包括阶级觉悟）；忠实；有牺牲精神，能积极工作；没有发洋财的观念；不吃鸦片、不赌博"。将党内教育列为"红军党内最迫切的问题"，规定"有计划地进行党内教育"。"支委会及支委以上各级党部，应该有计划地每月规定支部大会及小组会讨论的材料，并规定会期，严密地督促开会"，把党内批评作为"坚强党的组织、增加党的战斗力的武器"。（来源：人民出版社《习近平讲党史故事》）

【典型案例】

践行"四力" 锻造"四强"

作为新闻工作者，践行"脚力、眼力、脑力、笔力"是他们的职业本色和创作追求；作为基层党组织，"政治功能强、支部班子强、党员队伍强、作用发挥强"是他们的集体信念和使命担当。他们是中央广播电视总台央视国际网络有限公司视频生态事业群党支部。

践行"四力"——历经磨炼的新闻铁军

5年5次获得中国新闻奖,多年赢得业界重大奖项,进入重点扶持项目名单,孵化出"习式妙语""小央视频""青春大课""网络春晚""比划""人生第一次""人生第二次""新兵请入列""以梦为马"等10余个有影响力的内容品牌……总台央视网党委视频生态事业群党支部,正是由共产党员带头坚守宣传阵地,充分践行"脚力、眼力、脑力、笔力",在长短视频创作上不断推陈出新,打磨出新闻行业的"硬核团队"。

央视网视频生态事业群党支部肩负时政主题主线宣传报道、央视网视频品牌内容建设等重要使命。支部坚持党建工作和业务工作一起谋划、一起部署、一起落实、一起检查,以党建工作促进业务发展,推进党建和业务深度融合。事业发展进程中,视频生态事业群党支部20名党员担当主力军,培养和提升"四力",打造了一系列品牌栏目和爆款产品。

"习式妙语"等时政品牌栏目主创人员以党员为主,将政治引领深入落实到生产创作实践,在时政主题主线和"头条工程"建设上坚持守正创新,推出了《非凡十年》《习近平的扶贫故事(系列)》《人民代表习近平履职记》《公仆之路》等一系列站位高、立意深的时政爆款产品。在决战决胜脱贫攻坚关键之年,一部由党员骨干带队、辗转6省8市7县10村、寻访近30位亲历者创作推出的《习近平的扶贫故事(系列)》,从梁家河到正定,从福建到浙江,从上海到中央,追溯习近平总书记从梁家河大队党支部书记到党的总书记一路走来的扶贫足迹,展现了习近平总书记关于扶贫工作的重要思想发展与要义，传播量超 2.5 亿。十九大后迅速刷爆网络的微视频作品《公仆之路》，正是以党员组成的主创团队，以直击人心的主题、真实温暖的表达和创新融合的形态，触动受众、裂变传播，产生了深远影响力。

围绕习近平总书记关于思想政治理论课重要讲话精神，2022年，视频生态事业群党员骨干凭借高度政治自觉和新闻敏感，特别策划推出《青春大课》系列思政课，涉及航天、外交、文化、体育等领域。在"青春大课"上，来自中国各行业权威专业人士，给青年传授行业基础知识，让大家了解我国各行业发展状况和成就，使广大网友在获取知识的同时提高民族自豪感、自信心；同时，每一位授课人对所在领域的科学发展史、个人成长经历、奋斗故事等方面融入思政元素，通过一个个平凡、鲜活的岗位故事引发思考、启发认知，塑造青少年价值观。节目创办至今，已累计推出 18 期、传播量超 2 亿。

2021 年，平均年龄 74 岁的清华大学上海校友会艺术团在总台网络春晚上以一首《少年》引发全网沸腾，重塑了对于"少年"的定义。作为小年夜的青春盛宴，中央广播电视总台网络春晚已连续两年由以视频生态事业群为主力的策划团队创作和宣推。支部书记亲自挂帅，党员骨干担当重任，在创作理念上持续强化青春标识，邀观众共赴"开新"之局，多元融合跨界节目创意满满，打动了亿万网民。

锻造"四强"——迅速成长的红色标杆

人人当先锋、创优秀，在视频生态事业群党支部党员干部中蔚然成风。在基层党组织建设过程中，这一年轻的党支部不断创新方式方法，迅速成长，脱颖而出。2022 年，视频生态事业群党支部被评为中央和国家机关、中央广播电视总台"四强"党支部。

深耕时政品牌栏目，充分发挥政治功能。视频生态事业群肩负时政宣传报道这一重要政治任务，《习式妙语》等时政品牌栏目以党员为核心主创团队，突出党员的先锋模范、攻坚克难作用，在"两个维护"上开展了生动的生产创作实践。在党中央重要决策部署、重大主题主线网络宣传和舆论引导工作中，聚焦核心、宣传核心。围绕党的二十大、乡村振兴、建党百年、脱贫攻坚、庆祝中华人民共和国成立 70 周年、庆祝改革开放 40 周年等重大主题主线，持续推出一系列策划产品，使习近平总书记的思想、风范和魅力更加深入人心。《习式妙语》平均每年推出原创时政作品超 30 支，年度平均传播量近 10 亿。

首创党史剧本推理演绎活动，实现党史学习教育破圈传播。结合庆祝中国共产党成立 100 周年，为把党史学习教育充分融入青年人喜闻乐见的传播形式中，视频生态事业群党支部以党建指导业务创新，集广大党员集体智慧，首创党史剧本推理演绎活动这一新型活动形式，以建党百年历史进程中经典故事经典人物为主线，通过沉浸式戏剧体验和有趣互动形式，极大吸引了青年党员和入党积极分子。通过 5 小时活动体验，参与者与历史达成了一次隔空对话，切身体会到党的百年奋斗历史背后的坚定信仰和革命热情。支部通过党史剧本推理演绎活动的实践和推广，实现了党史学习教育的破圈传播，也增强了支部成员的凝聚力和向心力。目前，视频生态事业群已出品多部正能量剧本演绎作品，并将结合主题主线和重要节点持续开发。

创新党课讲授内容和形式，将党建和业务深度融合。支部党员主要由业务骨干构成，支委和骨干党员带头讲授党课，将新闻生产创作心得与党史学习教育深度融合，全面提升党员教育管理成效。内容涵盖《从习近平的扶贫足迹追寻其扶贫思想的形成过程》《中国共产党走过的百年历程就是一首最燃"C大调"》《学史力行践初心 探索开创新未来》《致敬建党百年 走好新时代赶考路》《青年更自信，青春敢"开新"》《一堂开阔眼界的青春大课》。

央视网党委视频生态事业群党支部全体党员不忘初心、笃行实干、争做新时代先锋，将以昂扬的奋斗姿态，继续走好主流新媒体道路，使党的声音在网络空间更加响亮。（来源：中央广播电视总台微信公众号）

点评：支部建设的关键还在于围绕中心。要坚持抓发展从党建入手，抓党建从发展出发。正如本文开头强调的，干好党建就是把工作任务推动落实好。中央广播电视总台央视国际网络有限公司视频生态事业群党支部践行"四力" 锻造"四强"，体现的就是这个主旨。我们要在做好各项工作的基础上，尽快实现"两个转变"：在党务工作标准规范的基础上，把重心转变到党建工作上来，将推动本单位中心工作的完成，列入党组织的工作计划和重点任务；要将组织生活中的"单纯学习"转变为"学做结合"，将政治学习与推动发展结合起来，将更多精力放到贯彻落实上来。

第二十九讲 以"五个精准"推动国有企业党建和生产经营深度融合

💬 **本篇主要观点：**

　　阐述了国有企业党建和生产经营深度融合的历史演变、路径概念、精准侧重、方式方法等，特别是拓展了党业融合的认知范畴，无论干部调动、理论学习，还是思想政治、党建活动等，都属于融合范畴，都大有文章可做。

　　党章规定，国有企业和集体企业中党的基层组织，围绕企业生产经营开展工作。习近平总书记在全国国有企业党的建设工作会议上明确指出，国有企业党委（党组）把方向、管大局、保落实，服务生产经营不偏离。可见党建工作与生产经营融合才是党建工作最终目的、本质核心。

　　党建工作与业务工作融合不深问题由来已久。1929 年 12 月，毛泽东为中国共产党红军第四军第九次代表大会写的决议中指出单纯军事观点在红军一部分同志中非常发展，其表现认为军事政治二者是对立的，不承认军事只是完成政治任务的工具之一。甚至还有说"军事好，政治自然会好，军事不好，政治也不会好"的，则进一步军事领导政治了。以为红军的任务也和白军相仿，只是单纯地打仗的。在组织上，把红军的政治工作机关隶属于军事工作机关，提出"司令部对外"的口号。忽视组织发动群众，不愿意艰苦地做细小严密的群众工作。1933 年 8 月 12 日至 15 日，毛泽东在召开的中央革命根据地南部十七县经济建设大会上指出，过去有些同志认为革命战争已经忙不了，哪里还有闲工夫去做经济工作，因此见到谁谈经济工作，就要骂为"右倾"。

改革开放以来，我国国有企业全面实行厂长（经理）负责制，厂长（经理）决定企业重大经营管理重大事项，长期形成了唯效益论的思维定式，产生"经营好其他一切都好""一俊遮百丑"。企业党组织主要抓思想政治工作和精神文明建设，将党组织从生产经营体系的核心位置中推到外围，直接削弱了党对企业的政治领导力、思想引领力、群众组织力，这是国企党建工作与生产经营存在"两张皮"的根源；随着社会主义市场经济体制的逐渐确立，国内外多种文化思潮碰撞，员工利益诉求逐步多元化，市场化企业用工成为常态，员工流动性也越来越大，传统的党建工作方式方法越来越不能调动员工的积极性和创造性，党的组织生活枯燥呆板，缺乏吸引力，广大党员群众对党的认同感降低，有的还自编顺口溜"党员不党员，每月只交两毛钱"。此外，在"效率优先、兼顾公平"经济改革思想的指导下，国有企业偏重突出经济功能，淡化忽视自身与生俱来的政治属性时，国企党建的活动空间、作用发挥空间势必受到挤压，最终导致国企党建工作与生产经营"各唱各的曲、各弹各的调"。

习近平总书记在全国国有企业党的建设工作会议上，指出了国有企业不同程度存在党的领导、党的建设弱化、淡化、虚化、边缘化问题。其中边缘化问题就是党业融合问题，说的是企业党的建设和企业改革发展"两张皮"，企业党组织软弱无力。习近平总书记指出："部分企业基层党组织和党务工作人员存在不适应、不会做的问题，情况不清、标准不高、能力不强，对工作不上心、不用劲，甚至'三天打鱼，两天晒网'，满足于应付交差、敷衍了事。另一方面，是上级党组织指导不力，对企业基层党的建设研究不够，布置工作简单化、套路化，有的甚至情况还没摸清楚就瞎指挥，造成基层无所适从。"习近平总书记进一步强调，国有企业坚持党的领导、加强党的建设，要坚持服务生产经营不偏离，把提高企业效益、增强企业竞争实力、实现国有资产保值增值作为国有企业党组织工作的出发点和落脚点，以企业改革发展成果检验党组织的工作和战斗力。

党的十八大特别是十九大以来，按照中央全面从严治党的部署要求，全国国有企业党委（党组）坚持以习近平总书记关于党的建设的重要思想为指导，以政治建设为统领，抓党建、促发展，坚持推动研究改革发展重点任务时突出党建引领作用，部署党建工作时强化服务保障中心工作的导向，将党建工作和业务工作一起谋划、一起部署、一起落实、一起检查，党建工作与业务工作深度融合，有力推动了党的政治优势、组织优势和群众工作优势转化为企业的创新优势和发展优势，国有企业党建工作"四化"问题得到有效改善，国有企业党建工作逐步走向规范化、科学化。

当前国有企业党建工作正在从基础性、基本性阶段向高质量、高价值的更高目标转型过渡，对照习近平党建思想，对照党的十九大关于提高党建工作质量的相关要求，对照创建世界一流企业的奋斗目标，党建工作与生产经营深度融合已是亟待破解的重点课题。各级国有企业应该进一步提高思想认识，通过固根基、扬优势、补短板、强弱项，着力在党建与生产经营深度融合上下功夫，以高质量党建推动高质量发展。

一、精准厘清党建和生产经营深度融合路径概念

党建工作与生产经营深度融合的方式，有的是直接融合，通过把加强党的领导和完善公司治理统一起来，将党建工作总体要求纳入国有企业章程，明确党组织与"三会一层"的权责边界和运行机制，逐步规范在决策、执行、监督各环节的权责、工作方式以及与其他治理主体的关系。推进"四个对接、四个同步"，坚持党管干部、调兵遣将，坚持和完善"双向进入、交叉任职"的领导体制，以贯彻党的组织路线服务保证生产经营任务落实。大部分是间接融合，通过调动人的积极性、主动性、创造性，持续提高专业素质和综合素养，以有效的工作成果来促进企业的改革发展。推进党建和生产经营深度融合遵循的原则是以企业改革发展成果检验党组织工作成效，着力促进党建和生产经营一体推动、一体考核。要把融合理念、原则、方法措施、检验标准体现在年度全面从严治党主体责任清单、领导人员"一岗双责"清单中，作为贯彻落实中央企业党建工作责任制重中之重，常态化开展党组织书记抓党建工作述职评议考核，切实树牢一个导向，形成一致认识。

二、精准区分不同发展阶段的党建重点任务

党的建设在推动发展过程中起到引领和保障作用，针对不同地域不同环境的企业发展实际，应坚持"一把钥匙开一把锁"，探索

用四象限分析法甄别情况、区分层次、对症下药、精准施策。比如，以年度的党建考核结果为纵轴，以年度战略绩效考核结果为横轴设定四个象限。在第一象限中，即党建与经营都好的情况下，基层党建应围绕生产经营，突出品牌创新，注重打造党建精品工程，探索建立完备党建工作质量考评管控体系；在第二象限中，即党建考核结果好、绩效考核差的情况下，党建工作要注重提升增效赋能，紧密围绕生产经营全年重点开展工作，建立健全与生产经营部门的协同联动机制，联手策划专题方案，强化党建与生产经营的深度融合意识，发掘党建工作的抓手和着力点；在第三象限中，即党建考核结果与绩效考核结果均差的情况下，基层党建应注重补短板、强弱项，扎扎实实从党的组织体系建设和党员队伍建设入手，做到党的组织和党的工作有形有效覆盖，培育壮大入党积极分子队伍，提升发展党员工作质量，为建设高素质的专业干部队伍蓄足源头活水。强化党员教育管理监督，切实建设"四个合格"队伍；在第四象限中，即党建考核结果差、经营绩效考核好的情况下，基层党组织要建立党建工作发展长远规划，确定主题，明确改进的方法路径，积极复制推广党建最佳实践，比学赶帮超，注重宣传报道，强化氛围营造，学先进、争先进、赶先进。除此之外，还可以设置更多的维度精准区分不同发展阶段的党建重点任务。可从经济责任、政治责任、社会责任三个维度进行分析研究。比如，由于市场经济欠发达，在广大西部地区的国有企业，承担着很重的保基本保民生保稳定的政治责任和社会责任，基层党建工作就要多从国家发展整体布局、落实政治责任和社会责任角度出发。党建考核多算政治账，不能仅仅考虑经济账。

三、精准提高理论学习的实效和质量

学习是党建工作的基础环节，也是推进党建工作与业务工作深度融合的关键所在。党内学习可以从不同层面划分不同类型，纵向看，包括党委（党组）中心组学习、党支部和党小组的集体学习、党员个人自学。横向看，包括党委和支部集中学习、举办读书班、现场学习教育等。无论是哪一种学习形式，都要聚焦正在做的事情，理论联系实际，通过学习，释疑解惑，寻找融合方法思路。提升理论学习的质量至关重要。要提高集体学习实践性针对性。党委中心组学习要坚持理论性、突出针对性、讲求实效性，完善理论学习考核激励机制，强化述学、评学、考学措施。支部"三会一课"要结合党员思想和工作实际，时间变长为短，学要点、学精髓、学实质，形式上要灵活多样。通过学习，要达到党员领导干部讲政策、专家学者讲理论，宣传骨干讲故事"三讲"局面。

在理论学习的过程中，关键的环节是要注重领会其中的真谛，学其中的方法。多数人认为党建会议、讲党课是枯燥的，念念文件、念念发言稿，领导台上念，党员群众台下玩手机，吸引力不强。但是如果能把每一次主题党日、集体学习、讲党课当成和大家交流思想、传达组织的意图、组织动员党员的机会，深入思考、认真准备，切实珍惜每一次讲党课的机会，那么实际效果就大不相同。比如，讲入党誓词党课，组织大家集中观看电视剧《人民的名义》中，陈岩石给省委班子讲战斗史的故事，可以教育大家牢记党员身份，以身作则做贡献；讲长征故事的党课，可以激励员工背水一战攻坚克难；讲贯彻新发展理念，逐条对照本单位部门现状和问题，督促员工明确努力方向；讲党的十九届六中全会精神，弄清楚

国有企业是怎么来的、发展历程是什么，改革方向是什么，和本单位发展历史脉络结合起来，可以让广大党员群众更加爱党爱国爱企业。给基层的员工讲党课，切忌用高深的理论、文绉绉的书面语，尽量用大家一听就懂、一想就明白的大白话、土话，尽量熟读牢记讲课内容，对照PPT娓娓道来，自然而然流露出真情实感，员工也就会认真地听课。在一次次的学习研讨交流中，渐渐达到党员干部和员工的思想贴近共融，朝着同一个节拍，向同一个目标努力。

四、精准用好守好党的思想政治传家宝

早在革命战争年代，毛泽东就指出，红军大部分是由雇佣军队来的，但一到红军即变了性质。经过政治教育，红军士兵都有了阶级觉悟，都有了分配土地、建立政权和武装工农等常识，都知道是为了自己和工农阶级而作战。因此他们能在艰苦的斗争中不出怨言。思想政治工作是党的传家宝。国有企业所处的社会环境、经营环境发生很大变化，职工队伍结构呈现出许多新特点，我们要结合形势任务的变化，积极研究新情况，解决新问题，创造新经验，增强工作针对性实效性和吸引力感染力。要加强政治教育。教育克服"劳动合同意识"，使党员深刻认识到，党是什么要干什么的重大问题。认识到自己才是企业的主人翁，企业发展的好坏与自己的价值追求、人生理想紧密相连，绝不能仅仅对签订的劳动合同、所在企业的上级领导负责任，不对党和集体负责任。要深刻汲取百年党史经验。人是企业的核心资源，经营企业就是"经营人心"。在企业发展由效率阶段向效能阶段转变过程中，要高度重视企业文化建设，以文育人以文化人，用企业文化培育共同价值观，做到"百姓日用而不觉"。弘扬和践行社会主义核心价值观，强化精神文明建设，坚持教育引导、实践养成、制度保障相结合，深入植入员工行为，外化于行，让员工迸发出更多的积极性、主动性和创造性，推动企业在良好发展的基础上不断前进。要更多地把解决思想问题通过解决员工的实际难题表现出来。一些管理上的小问题、缺乏有效的沟通解释，极易引起的矛盾升级，极易导致员工对企业、组织缺乏信任，宁可用极端的方式来解决，也不肯相信组织会主动帮忙解决问题。要坚持只要是合理的、能解决的问题一定想办法尽快解决，暂时不能解决的，要先回复员工实际情况，以后逐步想办法解决。把解决坏事的过程变成了做好事的过程，让员工感受到为群众解难题的真心、决心。要注重方式方法。针对不同群体不同对象不同的诉求，要采取不同方法，能一对一谈话的绝不集体谈。在年度营销等重点时间节点，常态化开展走访慰问，耐心倾听意见建议，发挥集体智慧解决难点堵点问题，让员工感受组织关心，凝聚共识、鼓舞士气。

五、精准拓宽党建活动推动发展

活动是党建工作与经营深度融合的生命。有效的载体活动，可以统一思想、凝聚力量、推动发展。要坚持平台思维、生态思维，扩大党的工作覆盖面，充分发挥党建平台优势，整合各种力量，强力推动生产经营发展。要牢固树立融合认知理念。党的建设的真谛就是上下同欲者胜。企业发展的困点、难点在哪里，党的工作着力点、落脚点就在哪里。坚持融入中心抓党建，进入管理起作用，着力改"两张皮"为"一体化"，上下结合贯彻落实，同向发力同频共振，创造性落实好上级党组织的要求。针对不同问题不同情况的企业开展不同的主题活动。除了党员教育管理工作条例中提出的设立党员示范岗、党员责任区，开展设岗定责、承诺践诺一般活动载体等，结合企业实际需求，还可开展"订单式"实践活动：对获取客户需求较强的企业，可以普遍开展党建共建活动；对亟待攻坚克难的企业，可以组织党支部（党小组）领题、破题活动、"三亮三比三评"实践活动，揭榜挂帅、签署军令状，提振士气；对组织建设标准化规范化较好的企业可以组织支部创建"一部一品"活动；对企业一线项目组、生产队、网点、站点等分支机构较多的企业可以组织开展党员联系包挂等活动。注重跟踪问效。在开展以上活动的同时，要注重加强过程跟踪、进度督查，对推进工作中遇到的问题，贴身紧逼、步步为营。抓住关键少数，深化考核，健全责任落实机制，督促履行好第一责任人职责，一级抓一级，一级带一级，树立鲜明的导向和示范效应，形成融合的浓厚氛围。

＜知识链接＞

《关于破解"两张皮"问题推动中央和国家机关党建和业务工作深度融合的意见》（节选）

一、牢固树立机关党建和业务工作融合发展的理念。机关党建和业务工作"两张皮"问题，是制约党的建设质量提升的一大顽症。中央和国家机关各级党组织和广大党员干部要站在统揽推进伟大斗争、伟大工程、伟大事业、伟大梦想的战略高度，深刻把握机关党建围绕中心、建设队伍、服务群众的职责定位，着力促进机关党建和业务工作一体推动、深度融合，把党中央决策部署是否落实、部门中心工作是否完成、党组织功能是否增强、党员干部素质是否提高、干事创业精气神是否提振、人民群众是否满意作为衡量机关党建成效的根本标准，进一步增强推动机关党建和业务工作深度融合的思想自觉、政治自觉和行动自觉。

二、把讲政治的要求落实到业务工作中。强化政治机关意识，在落实重大任务和推动业务工作中坚持正确政治方向，把创建模范机关、走好第一方阵的要求融入业务工作，以实际行动做践行"两个维护"的表率。健全推动党中央决策部署和习近平总书记重要指示批示精神贯彻落实的工作机制，形成研究部署、狠抓落实、督促检查、及时报告、跟踪问效的工作闭环，确保不折不扣贯彻落实。坚持把机关党建放到党和国家工作大局中谋划和推进，找准服务大局的结合点。定政策、抓工作、促落实要对标对表党中央决策部署和习近平总书记重要指示批示精神，经常校正偏差。既要防止重业务轻政治现象，又要防止游离于业务工作之外搞空头政治等问题。

三、推动学用结合、学以致用。坚持理论联系实际学风，贯彻学懂弄通做实要求，自觉用习近平新时代中国特色社会主义思想武装头脑、指导实践、推动工作。建立健全部门党组（党委）会议及时传达和学习贯彻习近平总书记重要讲话、重要指示批示精神制度，并结合实际转化为开展工作的思路和举措。部门党组（党委）理论学习中心组要充分发挥领学促学作用，注重把研究解决改革发展稳定和党的建设面临的突出问题作为学习的着力点。基层党组织要着眼提高党员干部理论素养和工作本领，把理论学习与业务研讨结合起来，克服学用脱节、促进学用相长，不能简单以学习次数、笔记篇数、打卡计分等衡量学习成效。

四、充分发挥党支部在推动业务工作中的战斗堡垒作用。牢固树立党的一切工作到支部的鲜明导向，紧贴所在部门职责任务推进支部工作，把抓中心工作完成、重大任务落实作为检验党支部组织力的试金石。以建设"政治功能强、支部班子强、党员队伍强、作用发挥强"党支部为目标，全面推进党支部标准化规范化建设，积极探索机关党建和业务工作同向同行、同频共振的方法路径，不断提高党支部建设质量。充分发挥党支部、党小组在业务工作中的政治引领、督促落实、监督保障作用，通过创建党员先锋岗、设定党员责任区、开展岗位建功活动等，推动党员立足本职、担当尽责，更好发挥先锋模范作用。窗口单位党员要亮出党员身份和服务承诺，提供优质服务，展示良好形象。加强典型引路，总结推广机关党建和业务工作融合发展的典型，营造对标先进、学习先进、争当先进的浓厚氛围。

五、把思想政治工作贯穿业务工作全过程。及时了解掌握、分析研判党员干部思想动态和工作表现，有针对性地给予鼓励鞭策、提醒帮助。领导班子成员、基层党组织负责人要经常、主动同党员干部特别是年轻党员干部谈心谈话，尤其要把握岗位变动、组织处理、发生家庭变故、发现苗头性问题等重要节点开展谈心谈话，坦诚相见、交流思想，既严格要求又关心关爱，把解决思想问题与解决实际困难结合起来，做到思想上解惑、精神上解忧、心理上解压、生活上解难，充分调动党员干部干事创业、担当作为的积极性。

六、完善机关党建和业务工作融合发展机制。建立健全机关党建和业务工作一起谋划、一起部署、一起落实、一起检查的运行机制，形成党建、业务"一盘棋"。部门党组（党委）谋划重点任务注重突出党建引领作用、部署党建工作注重强化服务保障中心工作的导向。领导班子成员认真履行"一岗双责"，既抓业务工作也抓分管范围内的党建工作，做到两手抓、两手硬、两促进。机关党委常务副书记列席部门党组（党委）民主生活会、理论学习中心组学习以及有关会议。有条件的部门，可推行机关党建工作和干部人事工作由同一名领导班子成员分管，促进机关党委与组织人事部门同向发力、形成合力。坚持机关党建和业务工作联动式评价，年度考核、任期考核和相关考核中，对机关党建和业务工作同总结、同述职、同考核、同评价，特别是要把机关党建推动本部门中心工作、促进各项任务完成情况作为重要内容。党员干部选拔任用、评优评先应当听取所在党支部、党小组意见。评选表彰先进基层党组织、优秀党务工作者，既要看党建工作实际成效，又要看业务工作完成情况。

七、建设精通党务、熟悉业务的党务干部队伍。各部门机关党委要增强大局意识，在认真学习钻研机关党建知识的同时，自觉学习掌握与本部门职责任务相关的业务知识。按照高素质专业化要求，配强专职党务干部、激活兼职党务干部，注重把既熟悉业务工作又热爱党务工作的优秀干部充实到党务干部队伍中。落实党支部书记原则上由本单位党员主要负责人担任的要求，实现党建、业务"一肩挑"。把党务工作岗位作为培养锻炼干部的重要平台，落实将专兼职党务工作经历纳入干部履历的要求，有计划地安排业务骨干、优秀年轻干部从事党务工作。推动机关专职党务干部与行政、业务干部之间双向交流，促进党务干部懂业务、业务干部懂党务。加大对新任机关党委、机关纪委负责人和党支部书记、委员以及党小组组长的培训力度，促进党务和业务能力双提升，努力使党务干部成为政治上的明白人、党建工作的内行人、干部职工的贴心人。

（来源：旗帜网）

第三十讲 以"六个坚定推动"探索破解国有企业视域下的大党独有难题

本篇主要观点：

基于习近平总书记提出的"六个如何始终"，从国有企业视角分析大党独有难题，从坚持和加强党的领导、坚定理想信念教育、建立高素质专业化干部队伍、市场化改革、健全全面从严治党体系、与时俱进发展企业文化六个方面提出破解之道。

国有企业是经济发展的顶梁柱，地位重要、作用关键、不可替代，是我们党执政兴国的重要支柱和依靠力量。党的二十大报告深刻指出，要深化国资国企改革，加快国有经济布局优化和结构调整，推动国有资本和国有企业做强做优做大，提升企业核心竞争力。完善中国特色现代企业制度，弘扬企业家精神，加快建设世界一流企业。坚持党的领导、加强党的建设是国企的"根"和"魂"。办好国企，关键在党。习近平总书记在二十届中央纪委二次全会上作出了"六个如何始终"的重要论述，为全党时刻保持清醒和坚定、解决大党独有难题指明了行动方向、提供了根本遵循。国有企业必须认真学习领会、思考解决这些难题，在新时代新征程作出应有的贡献。

一、深刻认识大党独有难题的重大意义

"六个如何始终"难题是以习近平同志为核心的党中央应对中华民族伟大复兴战略全局和世界百年未有之大变局，立足党的百年奋斗实践，面对新的战略机遇、新的战略任务、新的战略阶段、新的战略要求、新的战略环境提出来的，希冀顺应时代潮流、把握客观规律，以党治推动国兴，以党强实现国强。加强国有企业党建工作是全面从严治党的重要组成部分。新时代的 10 年间，国有企业以政治建设为统领，一体推进党的其他各项建设，一些企业党的领导党的建设弱化、虚化、淡化、边缘化问题得到根本扭转，党建优势更好转化为企业发展优势。踏进新征程，正确认识和探索破解大党独有难题有效途径，对国有企业来说，这是分内之责、应有之义。针对存在问题，要拿出过硬措施，真正把全面从严治党抓实抓好抓出成效。

二、从国企视角认识分析大党独有难题

难题之一：如何始终不忘初心、牢记使命

认识好这一课题，必须首先了解国有企业功能使命的演变历程。计划经济时期，国企的功能使命主要是建立社会主义制度，巩固新生政权。体制转型时期，国有企业的功能使命主要是作为经济体制的中心环节，以实现自身变革推动整个国家经济体制的转型。建设市场经济体制时期，国有企业的功能使命主要是建立现代企业制度，推动做强做优做大，实现国有资产保值增值。进入新时代，国有企业的历史使命就是努力做高质量发展的主力军，建设现代化经济体系的排头兵、建设创新型国家的突击队，"一带一路"建设

的国家队。国有企业必须要充分认识到这一历史使命，不断坚持和加强好党对国有企业的全面领导，发挥好党委（党组）领导作用，特别是要把好方向，以自身的做强做优做大将党中央重大决策部署跟进落实好。

难题之二：如何始终统一思想、统一意志、统一行动

党的团结和集中统一是党的生命。我们党是世界上最大的马克思主义执政党，同时国有企业又是党员人数、职工人数最集中的地方。据有关资料显示，全国国有企业现有基层党组织 80 多万个、党员 1000 多万名、在岗职工 4200 多万人，管理好这一支队伍非常不容易。随着国有企业与市场经济基本制度的紧密结合，以及社会多元化发展，不同阶层、领域、文化、年龄、地区的党员思想认识、价值观念的差异性也在增大，利益诉求的矛盾日趋增多，维护党的团结统一是党的建设面临的现实难题。坚持好马克思主义在意识形态领域指导地位的根本制度，强化主流思想舆论，弘扬社会主义核心价值观，凝聚改革发展的强大精神力量，是每一个国有企业必须回答清楚的一个重要问题。

难题之三：如何始终具备强大的执政能力和领导水平

加强党的长期执政能力建设、先进性和纯洁性建设是新时代党的建设总要求的主线。政治路线确定之后，干部就是决定的因素。当前突出问题就是领导干部本领不强。面对百年变局，各种新挑战新情况纷繁复杂，国有企业面临技术革命背景下相关行业变化加快、跨界竞争的压力。广大国企领导干部存在学习的速度、广度、深度与当前形势不相匹配，知识更新不足、知识储备不足。一些国有企业领导人员不尊重市场经济规律和企业发展规律，不能正确把

握规模与质量、速度与效益的关系，不能根据行业变化的趋势和特点，及时对自身发展模式作出适应性调整。此外，还亟待建立年轻干部队伍蓄水池，储备一批肯干事、会干事、干成事的年轻干部队伍，为锻造高素质专业化干部队伍注入强大活力。

难题之四：如何始终保持干事创业精神状态

良好的精神状态，是做好一切工作的重要前提。坚持发扬斗争精神是我们党永葆旺盛生机活力的基因密码。建设世界一流企业，同样需要发扬顽强的斗争精神。现实中，有的干部只谋人不谋事，抓工作摆花架子、做表面文章；面对激烈市场竞争，不愿意去了解市场变化、客户需求，不愿意调查研究、探索实践等。随着国企三年行动已经完成，领导人员任期制和契约化管理已经全面推广实施，以提高核心竞争力和增强核心功能为重点的新一轮深化国有企业改革行动方案已经喷薄欲出。形势发展亟待真正按市场化机制运营，更大力度推行管理人员竞争上岗、末等调整和不胜任退出相关制度，分类明确并优化员工市场化推出的标准和渠道。健全更加精准灵活、规范高效的收入分配机制，以"鲶鱼效应"激发干部干事创业活力，提振精气神。

难题之五：如何始终能够及时发现和解决自身存在的问题

随着市场化越来越深入，一些国企领导干部在适应和发展市场经济的过程中，从政治角度看待问题、分析问题、解决问题的洞察力和敏锐性受到影响。由于国有企业的市场化机制不够健全，职工主人翁作用发挥不充分，不能有效发动党员、职工主动发现问题、纠正偏差。国企部门设立调整基于行政思维，不尽科学合理，横向贯通协同不足，监督力量有待体系化整合。新时代坚持问题导向、激励担当作为的企业文化建设亟待深化。2021 年"躺平"一词一度火爆全网，一定程度上也反映出党内政治文化建设成效不够明显。矛盾是推动发展的内在动力。国有企业必须要把问题导向贯穿改革发展管理经营全过程，主动发现问题、解决问题，推动更好发展。

难题之六：如何始终保持风清气正的政治生态

国有企业领域的政治生态建设突出标志和内涵体现在发展政绩观、干部选人用人、依规依纪履职尽责三个方面。在发展政绩观方面，在"一利五率"经营指标体系提出后，亟待重新归正思维，优化资源配置，推进质的有效提升和量的合理增长。在干部选人用人方面，国有企业领域选人用人问题是广大党员干部关注的焦点，从中纪委、中央巡视发布的情况通报来看，国有企业内部选人用人不正、导向不明显依旧存在，个别企业没有形成科学的干部培养选拔机制。在依规依纪履职尽责方面，有权任性、违规违纪违法等行为时常发生。国有企业必须深刻把握和清醒认识政治生态建设的极端重要性，着力涵养培固良好的党内政治生态，引领和保障国有企业改革发展。

三、积极推动破解大党独有难题的探索实践

（一）坚定推动加强党对国有企业的全面领导。要牢牢把握"两个一以贯之"，坚持将党的领导融入公司治理全过程各环节，持之以恒推进现代企业制度建设，建立健全坚持和加强党的全面领导的组织体系、制度体系、工作机制，坚持将党组织研究讨论作为董事会、经理层决策重大问题的前置程序。要有效发挥国有企业党委（党组）领导作用，在"三重一大"事项方面，严格执行党委（党组）议事规则，让企业决策更符合党和国家的方针政策。要着力加强混合所有制企业和境外分支机构党的建设工作。要牢记"国之大者"，在贯彻新发展理念、构建新发展格局、推动高质量发展中敢当先行者、勇做排头兵。

（二）坚定推动理想信念教育。要树牢共产主义远大理想和中国特色社会主义共同理想，听党话、跟党走，坚定对马克思主义的信仰，坚定对社会主义和共产主义的信念。要坚持用习近平新时代中国特色社会主义思想统一思想、统一意志、统一行动。认真组织实施党的创新理论学习教育计划，坚持理论武装同常态化长效化开展党史学习教育相结合，开展好党内集中学习教育，不断提高党员干部的思想觉悟和理论水平。要全面落实意识形态工作责任制，加强网上阵地建设和管理。要更加注重数字技术在党建领域的运用和推广，真正发挥数字触角通达到每一个人的技术优势，让学习无处不在、无时不在。

（三）坚定推动建立高素质干部队伍。深入贯彻落实党的二十大报告中对增强干部本领的部署要求，注重在重大斗争中磨砺干部，增强干部推动高质量发展本领、服务群众本领、防范化解风险本领，加强干部斗争精神和斗争本领养成，增强防风险、迎挑战、抗打压能力，带头担当作为。要激发领导干部的危机意识和竞争意识，认真贯彻落实《推进领导干部能上能下若干规定（试行）》，畅通干部下的渠道。要发挥任期制和契约化管理"牛鼻子"作用，带动企业全体职工推行市场化用工制度和全员绩效考核，明确退出标准和渠道，全面激发国有企业内生活力动力。要重视年轻干部培养选拔，健全长效机制，把到基层和艰苦地区锻炼成长作为年轻干部培养的重要途径。

（四）坚定推动国有企业市场化改革。要坚持以市场化经营机制转化进一步规范企业行为，厘清权力边界，提高企业效率，推动企业稳健发展。要围绕以提高核心竞争力和增强核心功能为重点的新一轮的国有企业改革深化提升行动，围绕打造现代新国企深化改革，加快完善中国特色国有企业现代公司治理，提升国有企业公司治理现代化水平。要构建进一步强化国有企业经营投资责任追究机制，防止出现重大投资决策失误。要积极推进财务预算等重大信息公开，建立健全信息公开披露制度，在不涉及国家安全和企业商业秘密的情况下，国有企业无论上市与否，其经营活动的有关信息应尽可能全面、准确、及时地向社会公开，主动接受社会监督。

（五）坚定推动健全企业全面从严治党体系。探索破解大党独有难题，必须要坚持系统观念，构建一个内涵丰富、功能完备、科学规范、运行高效的全面从严治党动态系统。要坚持制度治党、依规治党，以加强党对国有企业的领导为主线，以党的政治建设为统领，把制度建设贯穿在政治建设、思想建设、组织建设、作风建设、纪律建设。狠抓制度执行，防止制度成为"稻草人"。要更加突出体制机制的健全完善和法规制度的科学有效，重点是贯彻《党委（党组）落实全面从严治党主体责任规定》和《中央企业党建工作责任制实施办法》，加大责任考核。健全制度运行评估机制，增强制度执行实效。要更加突出运用治理的理念、系统的观念、辩证的思维管党治党建设党。深入分析和准确把握特点和规律，不断提高党建工作质量。

（六）坚定推动企业文化更好适应新时代跟上新时代。要深入把握企业文化建设的规律，发挥以文化人、成风化俗的重要作用，用先进的思想、优秀的文化武装国有企业广大干部员工的头脑,为企业改革发展积蓄更基本、更深沉、更持久的力量。要在企业文化建设中突出党的全面领导、国家意志,突出中华民族伟大复兴,遵循实事求是、问题导向、担当作为等价值观,引导全体党员干部忠诚干净担当。要积极营造企业与员工、社会共赢发展的文化氛围,以高质量的供给能力、完善的产品体系、一流的服务质量、科学的工作待遇彰显企业文化的活力和生命力,不断提升人民群众和广大员工的获得感和幸福感。要发挥企业文化在深化改革、转换市场经营机制中的引领思想和凝聚共识作用,助力推进企业治理能力和治理体系现代化不断提升。

＜知识链接＞

一刻不停推进全面从严治党
——习近平总书记二十届中央纪委二次全会重要讲话引发热烈反响

习近平总书记9日在二十届中央纪委二次全会上发表重要讲话,深刻分析大党独有难题的形成原因、主要表现和破解之道,深刻阐述健全全面从严治党体系的目标任务、实践要求,对坚定不移深入推进全面从严治党作出战略部署。

广大党员、干部表示,要深入学习贯彻习近平总书记重要讲话精神,始终坚持问题导向,保持战略定力,发扬彻底的自我革命精神,永远吹冲锋号,在新时代新征程上一刻不停推进全面从严治党,为全面建设社会主义现代化国家开好局起好步提供坚强保障。

时刻保持解决大党独有难题的清醒和坚定

治国必先治党，党兴才能国强。

习近平总书记指出，全面从严治党永远在路上，要时刻保持解决大党独有难题的清醒和坚定。

"我们党是世界上最大的马克思主义执政党，大就要有大的样子，但大也有大的难处。时刻保持解决大党独有难题的清醒和坚定，充分彰显了以习近平同志为核心的党中央坚定不移推进全面从严治党的历史担当和战略定力。"湖北省恩施土家族苗族自治州纪委书记、州监委主任吕星说，作为管党治党的重要力量，纪检监察机关要以习近平总书记重要讲话精神为指引，立足职能职责，抓紧抓实各项工作任务，推动全面从严治党不断取得新成效。

"党的十八大以来，全面从严治党取得了历史性、开创性成就，产生了全方位、深层次影响。踏上新征程，迎接新挑战，我们党面临的'四大考验''四种危险'将长期存在，党的建设特别是党风廉政建设和反腐败斗争面临不少顽固性、多发性问题。"浙江省杭州市临平区纪委书记、区监委主任叶敏琦说，要充分发挥监督保障执行、促进完善发展作用，聚焦党中央重大决策部署，开展政治监督，紧盯民生关切，抓好漠视侵害群众利益问题专项治理，通过一系列有力举措，营造风清气正的政治生态，激发广大党员、干部干事创业精气神，为经济社会高质量发展提供坚强政治保证。

内蒙古自治区赤峰市红山区委副书记杨猛说，习近平总书记以"六个如何始终"对大党独有难题进行了深入分析阐释。解决这些难题，是实现新时代新征程党的使命任务必须迈过的一道坎，是全面从严治党适应新形势新要求必须啃下的硬骨头。我们必须坚决扛起全面从严治党的政治责任，把严的基调、严的措施、严的氛围长期坚持下去，把党的伟大自我革命进行到底。

构建全面从严治党体系

习近平总书记强调，构建全面从严治党体系是一项具有全局性、开创性的工作。

"我们党作为长期执政的马克思主义政党和世界上第一大政党，党的远大目标和历史使命，党的队伍的庞大规模和广泛分布，党面临的重大风险和严峻挑战，决定了只有整体地而不是局部地、系统地而不是零碎地、持久地而不是短暂地、高标准地而不是一般化地全面从严治党，形成布局合理、内容科学、要素齐备、统一高效的全面从严治党体系，才能把我们党建设得更好。"福建省福州市纪委书记、市监委主任陈云水说，要认真学习领会习近平总书记重要讲话精神，在管党治党上更加注重整体推进、协同发力，使全面从严治党各项工作更好体现时代性、把握规律性、富于创造性。

"'全面从严治党'加上'体系'二字，体现了党中央以党的自我革命永远在路上的坚定决心，坚持全面从严治党综合施治、立体施策的鲜明立场。"云南省大理白族自治州纪委书记、州监委主任杨大赟说，回望新时代十年，以习近平同志为核心的党中央坚持以党的政治建设为统领，全面推进思想建设、组织建设、作风建设、纪律建设，把制度建设贯穿其中，深入推进反腐败斗争，推动党的各方面建设有机衔接、联动集成、协同协调，党的建设质量不断提升。新征程上，要认真落实健全全面从严治党体系任务要求，把我们党建设得更加坚强有力，为实现新时代新征程党的使命任务提供坚强保障。

　　江苏省太仓市纪委副书记、市监委副主任郑洁说："我们要按照习近平总书记的要求，坚持内容上全涵盖、对象上全覆盖、责任上全链条、制度上全贯通，进一步健全全面从严治党体系。落实到工作实践中，我们要着力健全党统一领导、全面覆盖、权威高效的监督体系，注重把党内监督与各类监督等协调联系，最大限度发挥系统优势，形成工作合力。"重庆市綦江区纪委书记、区监委主任唐鹏程说："我们把'纪巡审'监督贯通协同作为发现问题、推动整改、促进改革、完善制度的重要路径，推动形成事前沟通会商、事中协作配合、事后成果共享的闭环工作机制。接下来，将进一步推动完善党内监督与人大监督、民主监督、行政监督、司法监督等各类监督的贯通协同。"

把党的伟大自我革命进行到底

　　今年是全面贯彻党的二十大精神的开局之年。习近平总书记强调，要以有力政治监督保障党的二十大决策部署落实见效。

　　山东省龙口市纪委书记、市监委主任张鹏说："要准确把握党的二十大提出的重大判断、重大战略、重大任务、重大举措，聚焦新时代新征程党的使命任务，推进政治监督具体化、精准化、常态化，保障党的二十大决策部署落实见效。"

　　四川省泸州市纪委监委党风政风监督室主任胡飞说："持续加强习近平总书记重要指示批示精神落实情况监督检查，实行台账式跟进、项目化监督，深化督查问责和'回头看'，以有力监督推动有效落实；坚持党中央重大决策部署到哪里，政治监督就跟进到哪里，及时准确发现有令不行、有禁不止，做选择、搞变通、打折扣等问题，切实打通贯彻执行中的堵点难点，确保执行不偏向、不变通、不走样。"

作风建设只有进行时、没有完成时。

广东省广州市纪委监委党风政风监督室负责人王涛说，我们将认真学习贯彻习近平总书记重要讲话精神，紧盯"关键少数"，持续深化纠治"四风"，切实把严的基调、严的措施、严的氛围长期坚持下去，推进作风建设常态化长效化，让新风正气蔚然成风。

腐败是党长期执政的最大威胁，反腐败是一场输不起也决不能输的重大政治斗争。

"新时代十年，反腐败斗争取得压倒性胜利并全面巩固。但是，仍要清醒地看到，反腐败斗争形势依然严峻复杂，遏制增量、清除存量的任务依然艰巨。"重庆市巴南区委书记何友生说，要以习近平总书记重要讲话精神为指引，始终保持"零容忍"，始终坚持问题导向，一体推进不敢腐、不能腐、不想腐，坚决打赢反腐败斗争攻坚战持久战。

全面从严治党是党的长期战略、永恒课题。广大党员、干部表示，要深刻领悟"两个确立"的决定性意义，进一步增强"四个意识"、坚定"四个自信"、做到"两个维护"，坚定不移推进全面从严治党，把党的伟大自我革命进行到底。

（来源：《人民日报》）

后 记

　　市场上基层党建类的图书有很多，不胜枚举，这些作者的水平都比较高。通过学习他们的观点、思想，我的工作能力得到了提高，受益匪浅。

　　学习的目的在于运用，输入的目的在于输出。只有输入没有输出，输入的价值为零。能量守恒定律告诉我们能量既不会凭空产生，也不会凭空消失，它只会从一种形式转化为另一种形式，或者从一个物体转移到其他物体，而能量的总量保持不变。随着不断对专业知识的学习深化，经常出现闭上眼就能浮现输入输出等各类词语、各类字符的画面。我想如果我们的大脑一直在吸取知识，但从来不做整理输出，那么我们学习到的知识都会是短暂记忆，很快会忘得一干二净。同时，这些输入的知识越多、越不整理，我们的大脑就越容易记错记混，把东记成了南，把北记成了西，迷迷糊糊、一团糨糊。

　　有鉴于此，我心里一直在想，我应该写点什么。我决定结合工作思考，把对基层党建重点难点问题的破解之道总结出来，试着努力把一些基层党建的关键环节讲清楚，作出尽可能较为准确的解读。这样做就是想对自己、对别人有所启发，对推动解决工作当中的实际问题有所帮助。我时刻在内心祷告，如果能起到哪怕是一丁点儿这样的作用，我将倍感荣幸、万分开心；如果能引起一丁点儿共鸣，那就会"老夫聊发少年狂，左牵黄，右擎苍，锦帽貂裘，千骑卷平冈"了。

本书从确定选题到出版成书，时间不长。可是这个想法我一直酝酿了 3 年多，正所谓台上十分钟，台下十年功。输出写书是个辛苦活，但我心里面始终有一团火，有一个梦想，有一个目标，还有绵绵不绝的激情和动力，支撑我一本书一本书地读、一个字一个字地码。平时工作比较忙，就在周末和节假日，边学习边思考边写作。事非经过不知难。写作的这个过程是真的挺苦的，身心俱疲。不过幸好，有前些年一些工作上的积淀，现在终于把我这些"小心得"呈现在了各位读者面前。

都说书读百遍其义自见，我无法做到就着一本党建图书读百遍，只是看了一些不同的党建书，且限于个人悟性和能力水平，学得不够、思考不深，造成这本书"半成品"结构。所谓"半成品"，一是因为我不是专门从事理论研究的，不像教授那样研究得系统深刻，造成这本书的逻辑体系、理论阐释，不够系统，深入性不强；二是因为我自己只是从事这方面的业务指导，有点纸上谈兵，可能书中的有些内容的可操作性还有待完善。在此，也请各位读者宽容理解。有差距才有动力，以后一定再努力改进。

本书付梓之际，要感谢各位师友、领导、同事的指导和关爱，他们来自日常工作的不经意指导，对我都有很大的帮助，并且我从他们身上吸取了很多养料，领会到了很多的工作方法，拓宽了自己的视野。感谢中央党校教授、博士生导师李俊伟同志邀请我参与编写他的新书《创新党建破难题：推动高质量基层党组织建设》，参与写书的过程启发了我的思维。感谢国家开发投资集团聚力投资管理有限公司首席运营官李会营同志，与他的交流总能碰撞出思想的火花，总有谈不尽的话题，书中还摘录了他的观点，引用了部分案例。最后感谢我的家人默默付出，为我的写作腾出宝贵时间和精力，他们是我奋斗的动力。

花祥才

2023 年 5 月